Criptomoedas em tweets

Henry Col
Tales Pupo Amorim
Sérgio All

Criptomoedas em tweets

Aprenda sobre o universo das criptomoedas de forma simples, rápida e didática

BRASPORT

Rio de Janeiro
2022

Editor: Sergio Martins de Oliveira
Gerente de Produção Editorial: Marina dos Anjos Martins de Oliveira
Editoração Eletrônica: Abreu's System
Ilustrações e capa: Agência Lotus Design – Adilson Noel
Arte final: Trama Criações

DADOS INTERNACIONAIS DE CATALOGAÇÃO NA PUBLICAÇÃO (CIP)

C683c Col, Henry.
Criptomoedas em tweets : aprenda sobre o universo das criptomoedas de forma simples, rápida e didática / Henry Col, Tales Pupo Amorim, Sérgio All. – Rio de Janeiro: Brasport, 2022.
160 p. : il. ; 14 x 21 cm.

Inclui bibliografia.
ISBN 978-65-88431-63-4

1. Educação financeira. 2. Criptomoedas. I. Amorim, Tales Pupo. II. All, Sérgio. III. Título.

CDU 330.567.2

Bibliotecária responsável: Bruna Heller – CRB 10/2348

Índice para catálogo sistemático:
1. Uso da renda / Despesa / Economia privada / Etc. 330.567.2

BRASPORT Livros e Multimídia Ltda.
Rua Washington Luís, 9, sobreloja – Centro
20230-900 Rio de Janeiro-RJ
Tel./Fax: (21)2568.1415
e-mails: marketing@brasport.com.br
vendas@brasport.com.br
editorial@brasport.com.br
www.brasport.com.br

Dedicatória

Agradecemos primeiramente a Deus, que nos tem acompanhado nos diversos desafios, lutas e vitórias como empreendedores.

Aos nossos familiares, amigos, parceiros de negócio e clientes que têm apoiado nossa intensa jornada no mundo das criptomoedas.

Dedicamos este livro a todas as pessoas e empresas que já participam do mercado de criptomoedas bem como àqueles que ainda não fazem parte, mas farão ao ler cada tweet deste livro.

Os autores

Henry Col, Engenheiro, MBA em gestão empresarial, mais de 17 anos de experiência, atuação em consultoria para grandes organizações. Especializou-se em gestão de projetos e programas, processos, vendas e gestão estratégica de negócios. Autor de dois livros de gestão de projetos e um na área de relacionamentos. Empresário no mercado de *blockchain* e criptomoedas.

Instagram: @henrydcol
LinkedIn: <https://www.linkedin.com/in/luizdelcol/>

Tales Pupo Amorim, Engenheiro, MBA em gestão empresarial, mais de 15 anos de experiência com mercado de *telecom*, infraestrutura de TI e indústria de eletroeletrônicos. Especializou-se no desenvolvimento de produtos de alta tecnologia agregada. Empresário no mercado de *blockchain* e criptomoedas.

Instagram: @tales.amorim
LinkedIn: <https://www.linkedin.com/in/tales-amorim/>

Sérgio All, empreendedor, fundou as empresas SOS GAMES, um buscador de dicas, Mac Games Brasil, uma divisão de jogos para Mac, e a iBeats Comunicação, uma agência *full service* que comandou por mais de 18 anos. Atualmente é fundador e CEO da Conta Black, um banco digital e um *hub* de serviços financeiros que tem por objetivo levar educação financeira e inclusão digital para todos. Atua como Conselheiro da ONG Afrobusiness Brasil, Fellow da Rede de Líderes da Fundação Lemann, Mentor no MeetHuh e Mentor da Templo Ventures com o intuito de transformar vidas para fomentar o empreendedorismo, a inclusão e a educação financeira.

Instagram: @serjall
LinkedIn: <https://www.linkedin.com/in/sergioall>

Prefácio

A humanidade sempre se organizou socialmente, sendo a troca de bens e serviços, ou seja, o comércio, uma parte essencial dessa arquitetura social. A troca de bens rapidamente deu origem à necessidade de uma moeda para facilitar o processo. A moeda permite fracionar as trocas, pode ser transportada com maior facilidade e idealmente não degrada com o tempo. Cumpre, portanto, suas três funções tradicionais: meio de troca, reserva de valor e unidade de conta (preço).

As primeiras moedas foram coisas como pedras preciosas e semipreciosas, sal (donde vem a palavra salário), gado (donde "pecuniário") e metais, principalmente cobre, prata e ouro. Ao longo dos milênios, o ouro se tornou o rei das moedas por suas propriedades físico-químicas – entre outras, ele é naturalmente inoxidável e muito maleável – e sua escassez. O suprimento de ouro nos últimos séculos cresce apenas cerca de 1,6% ao ano, assegurando estabilidade de seu valor, sem inflação. Cunhado em moedas, o ouro foi a moeda mais longeva da história, a exemplo do "aureus" do império romano e o "solidus" do império bizantino, usados por mais de um milênio. Foi também usado como lastro das moedas governamentais por algum tempo. O Tratado de Bretton Woods em 1944 torna o dólar americano oficialmente a moeda do comércio internacional ainda lastreado em ouro. Mas em 1971, devido à inflação causada por grandes emissões da moeda, os Estados Unidos abandonaram o padrão ouro e passaram a imprimir papel moeda livremente, o chamado *fiat-money*.

Os governos e políticos têm duas alternativas para financiar seus gastos: cobrar impostos ou imprimir dinheiro. Cobrar impostos é impopular e difícil. Já imprimir dinheiro é fácil, barato e pode ser feito na surdina. Porém, a impressão descontrolada de moeda tem um preço inevitável: inflação. Enquanto os impostos podem ser dirigidos a certas atividades e parcelas da população, o imposto inflacionário é pago por todos, sem exceção. E sempre haverá uma emergência, uma catástrofe, uma guerra, uma pandemia como desculpa para os governos optarem por esse caminho mais fácil de financiar seus gastos.

Como exemplo, se olharmos a moeda global de referência, o dólar americano, sua base monetária M1 cresceu 408% entre janeiro de 2020 e janeiro de 2022[1]. Isso significa que, de todos os dólares circulando, 80% foram criados nesses dois anos. Não surpreendentemente, em 2022, a inflação do dólar atinge seu nível mais alto em 40 anos.

---

[1] Federal Reserve Bank of the United States, M1 monetary base.

Apesar de os governos terem abandonado o padrão ouro e dizerem que suas moedas não precisam de lastro, eles continuam armazenando ouro em seus cofres. Vinte por cento de todo o ouro do mundo está nos cofres dos bancos centrais. Parece que nem eles mesmos confiam muito em suas moedas de papel.

Eis que em 2009 um documento-libelo é publicado por um mítico Satoshi Nakamoto, que cria uma forma genial e revolucionária de moeda – o *bitcoin*. O *bitcoin*, por sua vez, abre o caminho para uma multitude de criptomoedas e toda uma nova indústria financeira. A arquitetura do *bitcoin* permite segurança, facilidade de uso universal, sem barreiras nacionais, e possui algumas propriedades que garantem seu valor e estabilidade: (1) seu suprimento é finito – nunca haverá mais que 21 milhões de *bitcoins* emitidos; e (2) seu processamento é descentralizado globalmente, longe do controle e constrangimento de qualquer governo ou autoridade. Isso não impede que os governos imponham restrições, através de regulamentações, e até mesmo proibam seu uso. Mas nunca conseguirão bani-lo, salvo por vontade de seus usuários.

Essa é possivelmente a maior revolução tecnológica do mundo financeiro. Suas derivações, como, por exemplo, as "finanças descentralizadas" (DeFi), bem como as tecnologias que estão na base das criptomoedas, como *blockchain*, ainda estão na sua infância. Certamente irão evoluir e ajudar a moldar o mundo futuro. É imperioso que todos tenham um conhecimento mínimo desse novo mundo para participar dele, entender suas consequências e evitar seus riscos. Este pequeno manual, prático e objetivo, abre as portas para aqueles que querem conhecer esse novo mundo.

Milton F. Da Vila[2]

[2] Engenheiro pelo Instituto Tecnológico de Aeronáutica e Mestre em Administração pela Stern Business School, New York University. Atuou por 27 anos em consultoria de empresas pela Deloitte Consulting.

Apresentação

Nossa paixão por criptomoedas começou em 2017, quando conhecemos a tecnologia do *bitcoin*, suas características, funcionamento, vantagens e capacidades e vislumbramos todo o potencial que ele poderia ter.

Saímos de nossos antigos trabalhos e fundamos a nossa própria empresa para contribuir com esse vasto ecossistema que cresce exponencialmente a cada dia.

Falar de criptomoedas é falar de inclusão, e foi nesse contexto que nos aproximamos de algumas *fintechs* com propostas parecidas com a nossa. Foi aí que conhecemos o empreendedor Sérgio All, idealizador e fundador de um banco digital com uma proposta de inclusão e impacto social muito importante e então fomos construindo um relacionamento de amizade e parceria e assim o convidamos com muita alegria e satisfação para participar desta obra embarcando sua visão, experiência e conhecimento neste mercado.

Quando o assunto em pauta é criptomoeda, por ser um tema aparentemente bastante técnico, percebemos que isso desmotiva muita gente a querer se aproximar. Por outro lado, quando você rompe essa percepção inicial, tem a feliz descoberta de que não é tão complicado quanto parece.

Foi por essa razão que nós decidimos trazer este livro para você que não conhece nada ou só um pouco do universo das criptomoedas. Ele é voltado para quem tem interesse, mas não tem tempo ou paciência de ler dezenas de livros, muitas vezes técnicos demais, para se inteirar sobre o tema.

Através de "tweets", frases curtas, abordamos os principais conceitos, termos e expressões e damos dicas para que você aprenda de maneira simples, direta e rápida e decida participar ativamente desse mercado maravilhoso, extraordinário e que está revolucionando todo o sistema financeiro mundial.

Esperamos, com este livro, abrir sua mente e mudar sua maneira de ver, pensar e agir sobre criptomoedas e trazê-lo para dentro de todo o ecossistema cripto.

Desejamos uma excelente leitura!

Sumário

1. Conceitos

Muito se fala em criptomoedas, mas não são todas as pessoas que compreendem os principais conceitos envolvidos nesse mundo tão fascinante. E o primeiro passo para você que deseja entrar no mercado das criptomoedas é entender seus conceitos.

Entenda para confiar, entenda para manusear e então entenda para ganhar.

Nós tendemos a não gostar daquilo que não conhecemos. E não é diferente quando o assunto é criptomoedas. Parece algo extremamente complicado, palavras e expressões difíceis, mas queremos tranquilizá-lo: não é nada disso. Tudo é uma questão de conhecer e compreender cada conceito, ter acesso a *insights* de pessoas experientes e, o mais importante, dar o primeiro passo rumo às criptomoedas.

O pior erro que alguém pode cometer é começar adquirindo criptomoedas e não saber o que está fazendo. Mais cedo ou mais tarde você pode se arrepender e, com isso, se desmotivar e abandonar o mercado, ficando de fora da maior revolução do sistema financeiro mundial.

Então, vamos aos conceitos que abrirão sua mente para o novo e extraordinário mundo das criptomoedas.

Toda moeda tem três funções básicas: ser um meio de troca, ou seja, poder comprar bens e serviços; ser uma reserva de valor, quer dizer, ter a possibilidade de guardar; e ser uma unidade de medida, conseguir ser precificada.

1. #conceito #moeda

As criptomoedas apresentam as três funções de uma moeda e, além disso, são eletrônicas, fazendo uso de tecnologias que oferecem alta segurança e confiabilidade.

2. #conceito #criptomoedas

As criptomoedas, ao contrário das moedas legais oficiais dos países, não têm uma entidade centralizadora por trás que controla as regras e a quantidade de moedas emitidas e em circulação.

3. #conceito #criptomoedas

O sistema sobre o qual as criptomoedas rodam se autorregula de acordo com suas regras iniciais. Isso significa que ninguém consegue alterar facilmente como as criptomoedas funcionam. Isso se chama descentralização e é uma característica importantíssima das criptomoedas.

4. #conceito #criptomoedas

Bitcoin é a primeira criptomoeda no mundo, totalmente descentralizada.

5. #bitcoin

Satoshi Nakamoto é o criador do *bitcoin*. Pseudônimo de um programador ou grupo de programadores, não se sabe nada de sua origem – se é mulher, homem ou um grupo de pessoas.

6. #bitcoin #satoshi

Criptomoedas também são conhecidas como moedas digitais, ativos digitais ou criptoativos.

7. #conceito #criptomoedas

O valor de uma criptomoeda vem da confiança que as pessoas têm nela, confiança na tecnologia.

8. #conceito #criptomoedas

Por serem descentralizadas, as criptomoedas não possuem uma entidade que regula seu funcionamento.

9. #conceito #criptomoedas

As criptomoedas foram criadas para que o sistema financeiro pudesse funcionar de forma independente e com menor número de intermediários.

10. #conceito #criptomoedas

A principal proposta das criptomoedas é conseguirmos realizar troca de valores sem precisarmos de um agente ou de uma rede estrutural bancária. Você é o seu próprio banco.

11. #conceito #criptomoedas

Como as criptomoedas são digitais, a princípio seria possível fazer cópias de moedas e enviá-las para mais de uma pessoa, como acontece com um arquivo digital de fotos, por exemplo. Esse era o problema dos gastos duplos.

12. #conceito #criptomoedas

As criptomoedas resolveram o problema do gasto duplo. Ou seja, não é possível enviar a mesma moeda para mais de uma pessoa.

13. #conceito #criptomoedas

O *bitcoin* representa um sistema econômico alternativo ao tradicional.

14. #bitcoin

Criptomoeda também é meio de troca, assim como é o real, o dólar, o euro.

15. #conceito #criptomoedas

Em 31 de outubro de 2008, Satoshi Nakamoto publica um documento ("paper" intitulado "Bitcoin: um sistema de dinheiro eletrônico peer to peer") que oferece detalhes sobre o que viria a ser o *bitcoin*. Esse *paper* foi disparado para uma lista de e-mails de pessoas que se interessavam por criptografia.

16. #acontecimento #bitcoin

"Estive trabalhando em um novo sistema de dinheiro eletrônico que é completamente ponto a ponto, sem necessidade de confiança em um terceiro" (Satoshi Nakamoto).

17. #bitcoin #citação

O *bitcoin* pode ser enquadrado como ativo especulativo, bem material, *commodity* e unidade de conta, bem de troca.

18. #bitcoin #conceito

O *bitcoin* é considerado reserva de valor, assim como é o ouro. Por isso dizemos que o *bitcoin* é o ouro digital.

19. #bitcoin #conceito

O *bitcoin* foi lançado em 03 de janeiro de 2009. Uma marca histórica para o sistema financeiro mundial.

20. #acontecimento #bitcoin

Bitcoin é dinheiro. No caso, dinheiro 100% eletrônico.

21. #bitcoin

Um *satoshi* é o mesmo que 0,00000001 *bitcoin*. Portanto, quem tem *satoshis*, tem *bitcoins*.

22. #bitcoin #conceito #satoshi

Satoshi está para o *bitcoin* assim como os centavos estão para o real. 100 centavos é igual a 1 real. 100 milhões de *satoshis* é igual a 1 *bitcoin*.

23. #bitcoin #satoshi

O nome *bit* de *bitcoin* não faz referência a *byte*, como muitos podem pensar, mas a uma rede de compartilhamento ponto a ponto (P2P), chamada de BitTorrent, em que cada usuário é anônimo.

24. #bitcoin #conceito

Bitcoin é um ativo imune à inflação. Isso acontece por causa da oferta limitada de *bitcoins* no mercado.

25. #bitcoin #conceito

Ninguém controla o *bitcoin*. Sua governança se dá por consenso da rede.

26. #bitcoin #conceito

A principal característica das criptomoedas é que você é o proprietário delas, e, portanto, é sua total responsabilidade geri-las fazendo sempre uso do bom senso.

27. #criptomoedas #dica

Lastro é um ativo que tem como objetivo dar uma garantia para um ativo principal.

28. #conceito

O lastro do *bitcoin* é sua tecnologia. Desde que nasceu, em janeiro de 2009, nunca foi identificada uma falha em seu protocolo.

29. #bitcoin

"Eu acho que o *bitcoin* é o primeiro dinheiro criptografado que tem o potencial de fazer algo como mudar o mundo" (Peter Thiel, cofundador do PayPal).

30. #bitcoin #citação

O protocolo do *bitcoin* define as regras de funcionamento do seu sistema.

31. #bitcoin #conceito

Toda moeda é utilizada como um meio de troca. O *bitcoin* é utilizado para comprar bens e serviços.

32. #bitcoin #conceito

O *bitcoin* é um dos acontecimentos mais fascinantes do mundo financeiro.

33. #bitcoin

Uma moeda possui reserva de valor, representando um poder de compra ao longo do tempo. Desde que o *bitcoin* nasceu, ele só cresce em reserva de valor.

34. #bitcoin #conceito

Uma moeda é sempre um ativo ao portador. Ou seja, quem a possui é seu dono. E assim é com o *bitcoin*. Quem o possui é seu dono.

35. #bitcoin #conceito

O *bitcoin* tem livre aceitação. Não é uma imposição feita por um governo. Aceita quem quer.

36. #bitcoin

Bitcoin é dinheiro eletrônico que funciona descentralizado, ou seja, sem um grupo centralizador.

37. #bitcoin

Os *bitcoins* são controlados por uma rede de computadores independentes e por isso não dependem de bancos centrais, podendo ser vistos como uma moeda para a internet.

38. #bitcoin #conceito

A mineração é o processo de produção de *bitcoins*.

39. #bitcoin #conceito #mineração

O *bitcoin* é revolucionário porque consiste em um sistema global de pagamentos sem fronteiras, sem controladores.

40. #bitcoin #conceito

O *bitcoin* reproduz a escassez do mundo real.

41. #bitcoin #conceito

A quantidade total de *bitcoins* no mundo não irá ultrapassar a marca de 21 milhões de unidades emitidas, o que faz do *bitcoin* um ativo escasso.

42. #bitcoin #conceito

Altcoin é qualquer criptomoeda alternativa ao *bitcoin*. Daí seu nome. Existem milhares de moedas em circulação no mercado.

43. #altcoin #critptomoedas

Podemos adquirir *bitcoins* sendo mineradores, comprando direto de quem já os possui ou através de *exchanges*.

44. #bitcoin #exchange

Uma *exchange* é inicialmente uma empresa, que pode ou não possuir uma plataforma tecnológica, que propicia a compra, a venda e a troca de criptomoedas, funcionando como uma corretora ou casa de valores.

45. #conceito #exchange

A *exchange* é um agente facilitador, intermediador, para quem quer comprar ou vender criptomoedas. Reúne pessoas que possuem criptomoedas e querem vender e pessoas que têm dinheiro e querem comprar.

46. #conceito #exchange

O *bitcoin* foi criado para ser acessível a qualquer pessoa e em qualquer parte do mundo.

47. #bitcoin

O *bitcoin* é um programa de computador com código aberto, ou seja, ninguém é dono da rede Bitcoin.

48. #bitcoin #conceito

A transferência da criptomoeda de uma pessoa para outra ocorre através de transações entre o endereço de origem, também chamado de remetente, e o endereço do destinatário.

49. #conceito #criptomoedas

É impossível receber criptomoedas sem ter uma carteira digital, também chamada de *wallet*. É nela que suas criptomoedas ficam guardadas.

50. #conceito #wallet

As criptomoedas são mais transparentes que as moedas fiduciárias ou de curso forçado, pois qualquer pessoa pode enxergar quantas moedas você tem na sua carteira. As transações são públicas. Você fica exposto.

51. #conceito #criptomoedas

As moedas fiduciárias, como real, dólar, euro, yuan, são conhecidas como *fiat money*.

52. #conceito #moeda

"*Bitcoin* é dinheiro 2.0, um enorme, enorme e enorme negócio!" (Chamath Palihapitiya, capitalista de risco).

53. #bitcoin #citação

Uma carteira digital armazena as informações necessárias para que ocorram as transações com criptomoedas.

54. #criptomoedas #wallet

Existem três tipos principais de carteira: a *hotwallet*, a *coldwallet* e a *hardwallet*.

55. #conceito #wallet

Uma carteira tipo *hotwallet* roda no computador ou no celular, ou seja, está conectada à internet.

56. #conceito #wallet

Uma carteira *coldwallet* não está conectada à internet.

57. #conceito #wallet

Você pode ter uma carteira física, também chamada *hardwallet*, como um *pen drive* próprio, para guardar criptomoedas. Você ainda pode ter uma carteira de aplicativo ou ainda utilizar um serviço na internet.

58. #conceito #wallet

A ciência por trás das criptomoedas chama-se **criptografia**. É o coração de funcionamento das criptomoedas. Daí seu nome "cripto".

59. #conceito #criptomoedas

As transações com *bitcoin*, embora sejam públicas e todos possam ver, são ao mesmo tempo anônimas – ninguém sabe quem transacionou.

60. #bitcoin #conceito

O *bitcoin* será rastreado durante toda a sua vida. Cada transação que acontece na *blockchain* consegue ser rastreada. Você consegue ver na rede da *blockchain* a primeira transação que aconteceu de *bitcoin* em 12 de janeiro de 2009.

61. #acontecimento #bitcoin #blockchain

Blockchain é a tecnologia onde rodam as criptomoedas.

62. #blockchain #conceito

O *bitcoin* é como um cofre do qual só você tem a chave. Nenhum governo ou entidade consegue confiscar as criptomoedas de você, desde que tenha a chave, ou seja, as criptomoedas estejam guardadas com você – o que não é verdade se elas estiverem custodiadas por um terceiro, como, por exemplo, uma *exchange*.

63. #bitcoin #conceito

Nunca deixe grandes valores de criptomoedas nas *exchanges*. Use a *exchange* para comprar e transfira para sua *wallet* pessoal.

64. #dica #exchange #wallet

Você é responsável por guardar e manter suas criptomoedas de forma segura. Por isso, invista em conhecimento quando operar com criptomoedas.

65. #dica #criptomoedas

No dia 22 de maio se comemora o ***Pizza Day***, um acontecimento ocorrido em 2010, quando foram transacionados 10.000 *bitcoins* por duas pizzas. São as pizzas mais caras da história do mundo.

66. #acontecimento #bitcoin

Deixe, sim, quantias de criptomoedas que você pretende transacionar em uma *exchange*, mas nunca grandes valores.

67. #dica #exchange

Exchanges estão sempre suscetíveis a ataques *hackers*, acarretando prejuízo para os seus clientes. De novo: não deixe grandes valores custodiados em *exchanges*, seu bolso agradece.

68. #dica #exchange #segurança

A multiassinatura é uma carteira digital de custódia de *bitcoins*. Para realizar saques, são necessárias aprovações de mais de uma pessoa, dependendo da configuração dessa carteira.

69. #bitcoin #conceito #segurança #wallet

Com a multiassinatura, se a senha de uma das pessoas for revelada ao público, ainda assim não será possível realizar o saque por um desconhecido. É como a senha de um cofre de banco que precisa de mais de uma pessoa para conseguir abrir o cofre. Só com a senha de uma pessoa você não tem como destravar o cofre.

70. #conceito #segurança #wallet

O que motivou Satoshi Nakamoto a criar o *bitcoin*: "o problema básico com moedas convencionais é toda a confiança necessária para fazê-las funcionar. O banco central deve ser confiável para não desvalorizar a moeda, mas a história das moedas fiduciárias está cheia de violações dessa confiança".

71. #bitcoin #citação #satoshi

2. *Blockchain*

A *blockchain* veio para transformar a maneira como registramos e rastreamos as informações. É impossível ver o mundo como vemos hoje sem a presença da *blockchain*.

A *blockchain* é a internet do dinheiro, como dizem por aí. Ela é mais que isso, ela é a verdadeira transformação digital nos negócios e na vida das pessoas.

Vejamos tudo que você precisa saber sobre *blockchain*.

Blockchain nada mais é que a tecnologia na qual roda o *bitcoin* e todas as demais moedas digitais existentes. É tipo um banco de dados, só que, em vez de ser centralizado, é distribuído, ou seja, descentralizado.

72. #blockchain #conceito

Blockchain, em português, é cadeia de blocos. É um banco de dados que não tem um dono. Quem gerencia as transações de criptomoedas são os próprios usuários da rede da *blockchain*.

73. #blockchain #conceito

Genesis foi o primeiro bloco que produziu *bitcoins* para o mundo. Lembrando que a *blockchain* consiste em uma cadeia de blocos interligados entre si.

74. #acontecimento #bitcoin #blockchain

A *blockchain* garante toda a segurança para as moedas digitais.

75. #blockchain #segurança

A *blockchain* armazena todos os "registros" de transações que acontecem. É como um livro contábil razão. Você recebeu criptomoedas de alguém? Esse recebimento é registrado na *blockchain*.

76. #blockchain #conceito

A *blockchain* é como um casal de noivos que quer se casar, mas, em vez de ir a um cartório, decide procurar um grupo de pessoas que possam atestar em um livro feito de pedra que aquele casal está casando de fato. Os noivos são os *bitcoins*, o casamento é a transferência de *bitcoins*, ou transação, o grupo de pessoas são os mineradores e o livro é o registro aberto ao público em geral. Esse grupo então registra no livro para que ninguém consiga tirar dali que o casamento foi consumado mesmo. E a cada novo "casamento", vai ficando registrado nesse livro e para sempre. Assim funciona a *blockchain* do *bitcoin* (fonte: canal Me Poupe!, YouTube, s.d.).

77. #blockchain #conceito #citação

Como em um teste de paternidade, onde o DNA é a assinatura que garante a relação entre um pai e filho, um registro na *blockchain* garante a autenticidade de uma transação.

78. #blockchain #conceito

Um laboratório que emite um laudo de DNA não é questionado, assim como um registro na *blockchain* também não – técnica comprovada e de conhecimento público.

79. #blockchain #conceito

Chave privada é a senha que vai "trancar" e assim garantir que a informação gerada não poderá ser alterada. É equivalente à senha de acesso ao seu banco.

80. #blockchain #conceito #segurança

Se você perde a chave privada da sua *wallet*, você perde todas as suas criptomoedas armazenadas ali, e é para sempre (ou enquanto você não se lembrar da chave). Não é a mesma coisa que você recorrer a um banco, dizer que esqueceu sua senha e conseguir recuperá-la em poucas horas.

81. #conceito #wallet

As palavras-chave geradas por aplicativos de carteira são a sua chave privada. Guarde-as sempre em um local seguro. Se esquecê-las, você perde o acesso aos seus fundos de moedas digitais.

82. #dica #segurança #wallet

Chave pública é como se fosse um RG ou CPF, ou, ainda, o número da conta corrente de seu banco. É o endereço da sua carteira de criptomoedas. Melhor ainda: é sua conta corrente dentro da *blockchain*. Você pode revelá-la para qualquer pessoa.

83. #blockchain #conceito

As moedas digitais são sempre enviadas para um endereço, a chave pública. É como se fosse seu endereço de e-mail. Seu e-mail é necessário para alguém lhe enviar uma mensagem de texto. Sua chave pública é necessária para lhe enviar moedas. Simples assim.

84. #conceito #wallet

Carteira ou *wallet* guarda o histórico das transações realizadas (ex.: matrícula do registro de um imóvel).

85. #conceito #wallet

São necessários três itens para gerar um registro na *blockchain*: informação a ser registrada, chave privada e chave pública.

86. #blockchain #conceito

Para registrar uma mensagem na *blockchain* devemos extrair a assinatura digital (*hash*) dela, que nada mais é que um resumo digital único e compacto. A *hash* resume o dado e ao mesmo tempo abstrai as informações de modo a não revelar o conteúdo original.

87. #blockchain #conceito

Hash é como se fosse o recibo da declaração do imposto de renda. Toda transação de moeda digital gera um código *hash*.

88. #blockchain #conceito

Se você enviou criptomoedas para alguém, existe uma *hash* para evidenciar essa transferência. Se você recebeu criptomoedas, existe uma *hash* que comprova esse recebimento.

89. #blockchain #conceito

A *blockchain* é imutável e permanente. Ou seja, nenhuma transação registrada na *blockchain* pode ser alterada. É como escrito em pedra.

90. #blockchain #conceito

Um sistema, para ser de confiança, precisa apresentar oito dimensões: pertencimento, compensação, hierarquia, integridade, intenção, capacitação, resultados e acordos.

91. #conceito #confiança

A *blockchain* tem uma comunidade de usuários com mesmo peso e responsabilidade distribuída – **pertencimento**.

92. #blockchain #conceito

A *blockchain* recompensa seus usuários, é colaborativa – **compensação**.

93. #blockchain #conceito

A *blockchain* possui os mineradores, que exercem o papel-chave de verificar, garantir e validar as transações – **hierarquia**.

94. #blockchain #conceito

A *blockchain* é imutável. Uma vez registrado, não pode ser alterado – **integridade**.

95. #blockchain #conceito

A *blockchain* representa liberdade das transações comerciais, a essência do "escambo". Tudo se resolve entre quem transaciona – **intenção**.

96. #blockchain #conceito

É preciso entender para confiar. E, portanto, é preciso capacitar-se em *blockchain* para promover entendimento – **capacitação**.

97. #blockchain #conceito

A *blockchain* traz redução de custos, menos burocracia e agilidade na entrega e no recebimento. Elimina o poder do sistema financeiro tradicional sobre o seu dinheiro – **resultados**.

98. #blockchain #conceito

A *blockchain* roda em cima de consenso da rede (contrato) e qualquer regra da *blockchain* só pode ser alterada por votação da comunidade – **acordos**.

99. #blockchain #conceito

Consenso da rede são as regras que regem o funcionamento daquela moeda específica.

100. #blockchain

A rede da *blockchain bitcoin* é aberta e formada por dois tipos de voluntários.

101. #blockchain #conceito

O voluntário que é um nó de rede, também conhecido como *full-node*, não recebe recompensas pelo seu esforço. Ele apenas garante que as regras estão sendo aplicadas.

102. #blockchain #conceito

Qualquer pessoa com um computador simples pode se tornar um nó da rede e garantir que o acordo inicial está sendo devidamente aplicado.

103. #blockchain #conceito

Cada nó da rede voluntária do *bitcoin* contém uma cópia de todas as transações que já existiram no mundo.

104. #blockchain #conceito

Os mineradores são o outro tipo de voluntário, que fazem o processamento das transações daquela rede específica de *blockchain* e não formam um nó da rede. Em vez disso, eles apenas usam a rede de nós.

105. #blockchain #conceito #mineração

Os mineradores são estimulados pelas recompensas que recebem em criptomoedas para validar as transações que acontecem na *blockchain.*

106. #blockchain #conceito #mineração

O minerador que resolve um novo bloco de transações recebe como recompensa *bitcoins* novos e as taxas das transações incluídas naquele bloco.

107. #blockchain #conceito #mineração

A *blockchain* não depende de uma entidade central para funcionar, gerir ou definir regras.

108. #blockchain #conceito

Dizer que a *blockchain* é distribuída é o mesmo que dizer que é espalhada por todo o planeta, por milhares de computadores conectados entre si.

109. #blockchain #conceito

As moedas digitais utilizam a tecnologia da *blockchain* para serem gerenciadas.

110. #blockchain

"A *blockchain* trouxe ao homem moderno o poder da incontestabilidade dos dados" (Rogério Rosendo – Representante de Operações do Banco Capitual).

111. #blockchain #citação

A mineração é o processo que mantém a rede da *blockchain* e registra as transações que ocorrem nessa rede.

112. #blockchain #mineração

Uma compra de criptomoeda, uma venda de *token*, um empréstimo, tudo representa transação com criptomoedas e é registrado na *blockchain*. E tudo que é registrado precisa antes ser validado. E quem valida são os mineradores.

113. #blockchain #mineração

Tecnicamente, qualquer pessoa pode se tornar um minerador, desde que tenha um computador. A grande questão é que em 99,9% das vezes o gasto que você terá minerando não será compensado, por conta do alto custo de energia associado à tarefa. Você irá concorrer proporcionalmente e de forma equivalente com todos os outros participantes que já estão minerando, incluindo grandes fazendas de computadores e *data centers* gigantescos.

114. #blockchain #mineração

Cada moeda digital tem seu processo específico de mineração.

115. #conceito #mineração

Todo minerador é um voluntário da rede, mas nem todo voluntário é um minerador.

116. #blockchain #conceito #mineração

As principais tecnologias de mineração são a *Proof of Work* (PoW), em português, Prova de Trabalho, e *Proof of Stake* (PoS), em português, Prova de Participação.

117. #conceito #mineração

A Prova de Trabalho foca em força computacional para minerar, isto é, validar transações de moedas digitais. E isso consome muita energia elétrica.

118. #conceito #mineração

As criptomoedas com Prova de Participação, embora sejam mais eficientes no consumo de energia, ainda são novas e não passaram pelo teste do tempo, ao contrário das criptomoedas de Prova de Trabalho, como o *bitcoin*, que já está em circulação há mais de uma década no mercado sem falhas ou fraudes cometidas na sua rede.

119. #mineração

Os mineradores precisam resolver uma prova de trabalho, isto é, uma equação matemática complexa para validar uma transação de *bitcoin*. Aquele que resolve a equação recebe *bitcoins* como recompensas. É assim que *bitcoins* são produzidos.

120. #bitcoin #mineração

Quando você vai fazer uma transação de *bitcoin*, você paga uma pequena taxa em *satochis* (centavos de *bitcoin*). Parte desses recursos vai para os voluntários que se propuseram a fazer o processamento das transações.

121. #bitcoin #satoshi

Mineração é o ato de autenticar as transações de criptomoedas. É assim que o sistema da *blockchain* funciona. Isso garante que não é necessário existir um agente centralizador para autenticar as transações de criptomoedas.

122. #blockchain #mineração

Estima-se que no ano de 2140, quando o limite de 21 milhões de *bitcoins* produzidos for atingido, a emissão estará extinta e, a partir de então, os mineradores receberão somente as taxas das transações do bloco como recompensa pelo seu trabalho.

123. #bitcoin #mineração

A Prova de Participação é um sistema no qual qualquer pessoa com uma quantidade suficiente de moedas pode utilizar suas moedas por um período definido e assim validar as transações.

124. #conceito #mineração

Fork é quando acontece uma cópia da *blockchain* atual de uma respectiva moeda digital para se criar outra moeda. Isso aconteceu com a criptomoeda *litecoin*, por exemplo. A *blockchain* do *bitcoin* sofreu um *fork* e com isso foi criada a *litecoin*, com características diferentes do *bitcoin*.

125. #blockchain #conceito

Halving é um evento existente dentro das regras de funcionamento do *bitcoin*: a cada 210 mil blocos minerados, a recompensa dos mineradores cai pela metade.

126. #bitcoin #blockchain #conceito

Criptomoeda também tem a ver com ESG (*Environmental, Social and Governance*) – em português, Ambiental, Social e Governança. As criptomoedas consomem muita energia. Existe uma tendência de levar a mineração de muitas delas para fontes renováveis de energia e mudar a tecnologia para que consumam menos energia.

127. #esg #mineração

3. Mercado

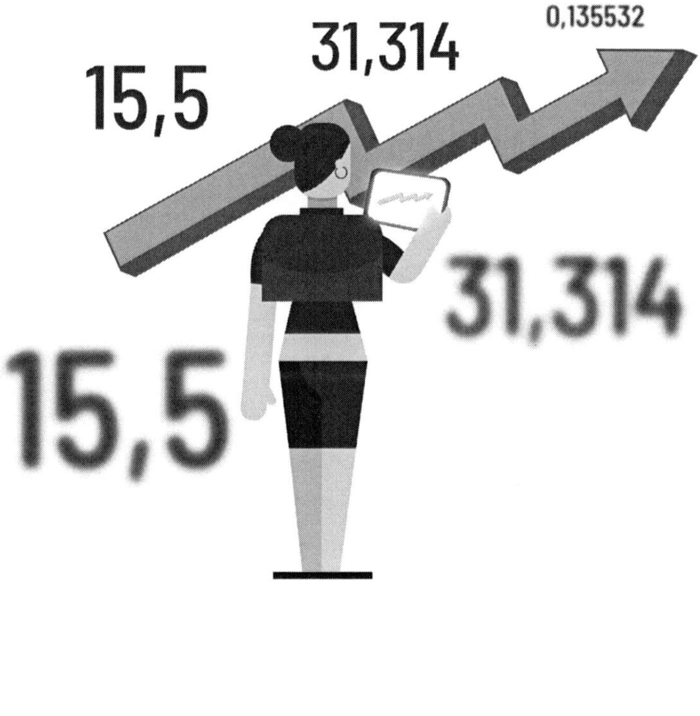

Vamos falar de tomate!

Ele não pode faltar nas saladas ou no molho da macarronada de domingo, não é mesmo? A culinária brasileira está cheia de receitas que levam tomate, e por isso a procura é sempre alta. Porém, o preço desse fruto (sim, o tomate é um fruto) vive há anos um sobe e desce desenfreado, puxando inclusive a inflação dos produtos alimentícios.

Em menos de uma semana, o tomate já chegou a ter alta de 159% e tal variação não é raridade... os produtores atribuem o aumento à falta de chuvas ou ao excesso delas. E se a produção cai... a demanda continua igual. Consequentemente, os preços sobem. É o que diz a velha, porém sempre atual, lei da oferta e demanda.

Para explicar as diversas formas de negociação possíveis para *bitcoins*, vamos manter a analogia com o preço do tomate na feira. Você tem um restaurante que vai servir uma deliciosa macarronada no próximo domingo. Para isso, você precisa de 10 quilos de tomate. Você entrega R$ 30,00 para o seu cozinheiro e dá a "ordem de compra".

Ele não pode voltar da feira sem os 10 quilos de tomate. O que o cozinheiro faz? Pesquisa em todas as bancas da feira quem tem o menor preço! Ele encontrou tomates a R$ 2,90 o quilo, a R$3,90 o quilo e a R$ 4,10 o quilo. Onde ele vai comprar? Na banca com o melhor preço, claro!

Dar a ordem ao cozinheiro de "comprar o menor preço disponível na feira" é o equivalente a uma "Ordem a Mercado", no *Trade*. Esse é um tipo de ordem **ativa**, pois não é preciso esperar nada acontecer para executá-la. Nessa nossa história, o cozinheiro está com a ordem de comprar 10kg de tomate ao menor preço disponível na feira. E assim ele seguiu até a banca que oferece o melhor preço, aquela com valor de R$ 2,90 o quilo. Chegando lá, uma surpresa! Só havia 8 kg de tomates disponíveis...

Para não perder a oportunidade, o cozinheiro executou a Ordem de Compra a Mercado e comprou os 8 kg de tomate, gastando R$ 23,20. Como sobrou somente R$ 6,80 para comprar os dois quilos de tomates que faltavam e a segunda banca mais barata estava cobrando R$ 3,90 por quilo, o cozinheiro precisou mudar a estratégia. Querendo pagar somente R$ 3,40 por quilo, para cumprir sua missão o cozinheiro espalhou por toda a feira que, por esse valor, ele compraria 2 quilos de tomates. Ele acaba de colocar uma Ordem a Limite ou *Limit*.

Esse é um tipo de ordem **passiva**, pois é preciso esperar alguém topar vender o tomate ao preço que o cozinheiro definiu. A princípio, nenhuma das bancas aceitou fazer tamanho desconto ao aflito cozinheiro. Mas o tempo passou e a feira começou a chegar ao fim... algumas horas depois, um dos feirantes que ainda não havia vendido todos os tomates considerou ser melhor vender 2kg de tomates a um preço menor do que gostaria em vez de levar a mercadoria de volta para casa. A Ordem Limite de compra do cozinheiro funcionou e ele voltou ao restaurante com 10 kg de tomate gastando somente R$ 30.

E se fosse possível em todo fim de feira comprar tomate a R$ 3,40 por quilo e, no dia seguinte, vender esses tomates no melhor momento da feira, quando tem gente pagando R$ 4,10 o quilo? Você estaria fazendo dinheiro com tomates e ganhando 70 centavos a cada quilo negociado.

Com o *bitcoin* isso também é possível! Quando tem muita gente querendo comprar a criptomoeda porque isso pode ser interessante, a tendência é o preço do *bitcoin* subir. Da mesma maneira, mas em sentido contrário, quando temos muita gente querendo vender o *bitcoin*, por qualquer que seja o motivo, a tendência é o preço cair... entendendo essas variações, é possível gerar rendimento comprando e vendendo a criptomoeda no momento certo.

Bem-vindo ao **mercado de negociação das criptomoedas**!

Investir em moedas digitais é investir em um mercado variável de alto risco, porém é o mercado que oferece as melhores possibilidades de retorno.

128. #criptomoedas #mercado

O único dinheiro que você tem jamais pode estar em criptomoedas porque, como é variável, se o mercado cair (e ele cai), você perderá seu dinheiro se precisar vender para cobrir alguma necessidade que tiver. Durante a queda do preço da criptomoeda, o que você deve fazer é segurar o ativo para não perder dinheiro.

129. #criptomoedas #dica #mercado

Preço de moeda digital no passado não é garantia de preço no futuro. A moeda ter atingido seu preço máximo (ATH) não significa que voltará a esse preço. Analise os fundamentos e os gráficos.

130. #criptomoedas #dica

O preço do *bitcoin* é determinado principalmente pela lei da oferta e demanda.

131. #bitcoin #mercado

Market cap é o tamanho do mercado em dinheiro de uma determinada moeda digital. Sua fórmula é o preço da moeda multiplicado pela quantidade de moedas em circulação no mercado.

132. #conceito #criptomoedas #mercado

Quando você compra moedas digitais, você está transformando seu dinheiro, isto é, seu *fiat money*, em criptomoedas.

133. #criptomoedas #mercado

O processo mais comum para você comprar moedas digitais é através de uma *exchange*.

134. #exchange

O processo P2P (*peer-to-peer*), em português, ponto a ponto, consiste em você comprar moedas digitais diretamente de outra pessoa. É um processo mais arriscado se você não conhece quem está negociando com você.

135. #mercado #segurança

Comprou, transferiu. Essa regra pode lhe poupar muitas dores de cabeça quando comprar moedas em uma *exchange*. Transfira-as para sua *wallet* pessoal. Se não tem, crie uma para ontem.

136. #exchange #dica

Uma ordem colocada em uma *exchange* é a publicação de intenção de compra ou venda dentro de uma plataforma *on-line* de negociação.

137. #conceito #exchange

O *book*, ou livro de ofertas, é o local onde encontram-se as intenções de compra e venda de moedas digitais.

138. #conceito #exchange

Você não precisa comprar um *bitcoin* inteiro; é possível comprar frações de *bitcoin*, assim como de qualquer outra criptomoeda.

139. #bitcoin #dica #satoshi

Quando uma pessoa coloca uma ordem a mercado em uma *exchange*, está dizendo que compra moeda imediatamente, ou seja, com o preço de momento no *book*.

140. #conceito #exchange

Ordem limite é quando você tem um valor limite para realizar uma negociação de moedas digitais.

141. #conceito #exchange

Trader é qualquer pessoa que negocia moedas digitais no dia a dia, podendo operar em quatro modalidades: *position trade, swing trade, scalping* e *daytrade*.

142. #conceito #criptomoedas #mercado

***Position trade*:** você compra a moeda e vai negociá-la em um tempo futuro indeterminado. Pode levar semanas, meses, até anos.

143. #conceito #criptomoedas #mercado

Swing trade: você compra a moeda para negociá-la em algumas semanas.

144. #conceito #criptomoedas #mercado

Scalping: você compra moeda para negociá-la em minutos.

145. #conceito #criptomoedas #mercado

Daytrade: você compra ou vende moeda para negociá-la no dia, seja com lucro ou prejuízo.

146. #conceito #criptomoedas #mercado

Quando uma pessoa segura a criptomoeda comprada por um período de tempo indeterminado esperando sua possível valorização, dizemos que essa pessoa está fazendo ***hold***.

147. #conceito #criptomoedas #mercado

"Holdar" criptomoedas, como, por exemplo, *bitcoin*, pode torná-lo rico. Isso aconteceu com quem comprou *bitcoin* há alguns anos e hoje teve seu investimento multiplicado milhares de vezes. *Hold* é uma estratégia de investimento e sua principal característica é comprar e segurar com foco no longo prazo.

148. #criptomoedas #mercado

Quem faz *hold* de criptomoedas não está preocupado com as flutuações de preço da moeda. Seu foco está no longo prazo.

149. #criptomoedas #mercado

Quando o preço de uma criptomoeda sobe muito de maneira repentina, dizemos que aconteceu um ***pump***.

150. #conceito #criptomoedas #mercado

Quando o preço de uma criptomoeda cai muito de maneira repentina, dizemos que aconteceu um ***dump***.

151. #conceito #criptomoedas #mercado

Quando alguém vende em uma *exchange* uma grande quantidade de criptomoedas quando o preço está subindo, dizemos que a pessoa está despejando. Esse ato provoca um *dump* no mercado.

152. #conceito #criptomoedas #mercado

A liquidez do mercado de criptomoedas é muito grande. São movimentados bilhões de moedas por dia. Se você quiser comprar ou vender um *bitcoin*, por exemplo, é mais que fácil, é instantâneo.

153. #criptomoedas #mercado

"Diferentes ativos de risco despertam o interesse do mercado financeiro hoje em dia, ainda mais os investimentos que envolvem base tecnológica. Só o fato de disponibilizarmos um ativo disruptivo como as criptomoedas, acessível através de um financiamento estruturado, demonstra a nossa missão de democratizar o acesso a investimentos diferenciados. Mais do que o crédito utilizando *bitcoin* como garantia, ou uma forma de financiar a sua primeira carteira em criptos, é importante lembrar que esse ativo já ganhou espaço em carteiras e fundos tradicionais. Todos falam, comentam, compram, vendem, especulam, criticam, mas seguirá sendo uma realidade dentro do universo de ativos financeiros" (Peak Invest).

154. #citação #criptomoedas #mercado

Mercado à vista ou mercado *spot* é quando você negocia ativos como ações, *commodities*, moedas fiduciárias e também criptomoedas para entrega imediata. Ou seja, comprou, recebeu, vendeu, entregou.

155. #criptomoedas #mercado

Ao entrar no mercado de criptomoedas, você inicialmente começa pelo mercado *spot*, em uma *exchange*. Conforme for ganhando bastante experiência, você pode ir para o próximo nível – nesse caso, o mercado de futuros.

156. #criptomoedas #mercado

No mercado futuro um comprador firma um contrato que será negociado somente no futuro, ao contrário do mercado *spot*, onde a negociação e a entrega ocorrem de forma instantânea.

157. #criptomoedas #mercadofuturo

Dentro do universo das criptomoedas, existe também o mercado de futuros. Sem complicações, é onde você aposta se o preço de uma determinada moeda irá subir ou cair no futuro.

158. #conceito #criptomoedas #mercadofuturo

Quando você apostar na alta da moeda e ela subir, você ganha. Quando você apostar na baixa da moeda e ela cair, você ganha.

159. #conceito #criptomoedas #mercadofuturo

Agora, quando você apostar na alta da moeda e ela cair, você perde. Quando você apostar na baixa da moeda e ela subir, você também perde.

160. #conceito #criptomoedas #mercadofuturo

Quando se aposta na alta da moeda, dizemos que estamos fazendo uma operação ***long***.

161. #conceito #criptomoedas #mercadofuturo

Quando se aposta na baixa da moeda, dizemos que estamos fazendo uma operação ***short***.

162. #conceito #criptomoedas #mercadofuturo

O grande fascínio do mercado de futuros com criptomoedas é a possibilidade de operar alavancado e poder fazer muito dinheiro.

163. #criptomoedas #mercadofuturo

A alavancagem é uma estratégia que tem como objetivo permitir que você consiga investir grandes somas de dinheiro a partir de valores disponíveis bastante reduzidos. É uma estratégia extremamente arriscada se você não souber o que está fazendo, podendo perder em minutos todo seu pequeno capital investido.

164. #conceito #mercado

A alavancagem em criptomoedas pode multiplicar seu capital investido por 3, 5, 10 vezes ou mais. Pode fazer você ganhar muito dinheiro, mas também perder. Muito cuidado com a ganância no mundo das criptomoedas.

165. #criptomoedas #dica #mercado

Derivativos são contratos financeiros entre duas ou mais partes com base no preço futuro de um ativo subjacente.

166. #conceito #mercadofuturo

"O ativo subjacente na negociação de derivativos no mercado de moedas digitais pode ser qualquer *token*. Duas partes que contemplam um contrato financeiro especulam sobre o preço da criptomoeda em uma data futura. Durante a primeira fase do contrato, as partes concordam em um preço de compra e venda para a criptomoeda em um dia específico, independentemente do preço de mercado. Como resultado, os investidores podem lucrar com as mudanças no preço do ativo subjacente comprando a moeda a um preço mais barato e vendendo-a a um preço mais alto" (XP Investimentos).

167. #citação #mercadofuturo

Os futuros de *bitcoin* são contratos nos quais compradores e vendedores negociam *bitcoins* a um preço pré-fixado, em uma data futura, independentemente da cotação do momento.

168. #bitcoin #conceito #mercadofuturo

Emprestar criptomoedas no mercado com o objetivo de render juros para você é um processo conhecido como *lending*.

169. #conceito #criptomoedas #mercado

Por ser limitado, quanto mais gente conhece e usa o *bitcoin*, a demanda aumenta – assim como seu preço. É a lei da oferta e demanda em ação.

170. #bitcoin #mercado

A sigla utilizada no mercado para *bitcoin* é BTC.

171. #bitcoin #mercado

Bitcoin não tem rentabilidade garantida. Quem garante rentabilidade são pirâmides financeiras. Fuja delas.

172. #bitcoin #dica

Desconfie de rentabilidades altas, rendimentos por hora e altas taxas de retorno por dia ou mês.

173. #criptomoedas #dica

Não fique ansioso para enriquecer. Saiba aproveitar os momentos de queda do mercado para ir às compras e faça dos momentos de alta da criptomoeda seu lucro.

174. #criptomoedas #dica #mercado

O preço do *bitcoin* é volátil. Sobe e desce como uma gangorra ou até como uma montanha-russa, dependendo do momento do mercado.

175. #bitcoin #mercado

"Não invisto em ouro. Utilizo as criptomoedas como alternativa ao ouro. Acredito que elas funcionem de forma semelhante" (Thiago Nigro).

176. #criptomoedas #citação

Nem todos os países possuem regulamentação sobre criptomoedas. E alguns proíbem seu uso e circulação. Porém, cada vez mais nações têm aceitado as criptomoedas. El Salvador, por exemplo, em 2021 tornou o *bitcoin* moeda de curso legal do país. Em outras palavras, tornou obrigatória a aceitação do *bitcoin* como meio de pagamento para qualquer transação que ocorra dentro de seu território.

177. #acontecimento #bitcoin

Arbitragem é o processo de comprar criptomoeda em um local que está mais barato e vendê-la onde estão pagando mais por ela.

178. #conceito #criptomoedas #mercado

"Baleia" é um grande detentor de criptomoedas que pode influenciar muito fortemente o mercado tanto para cima quanto para baixo, dependendo de sua estratégia. Pode ser uma pessoa ou até mesmo uma empresa.

179. #conceito #criptomoedas #mercado

É possível transacionar criptomoedas sem fazer cadastro informando seus dados. Essas *exchanges* são descentralizadas e conhecidas como DEX.

180. #conceito #exchange

Por ser um protocolo que roda na *blockchain*, em uma DEX não é possível transacionar *fiat money*, somente criptomoedas. Você vende ou troca criptomoeda para comprar ou trocar outra criptomoeda.

181. #conceito #exchange

Swap é o processo de troca de uma criptomoeda que está na sua carteira por outra criptomoeda, quando você está em uma DEX.

182. #conceito #exchange

O mercado de criptomoedas funciona 24 horas, 7 dias por semana, sem interrupções.

183. #criptomoedas #mercado

"Para uma pessoa operar no mundo de criptomoedas é preciso superar o dilema que se apresenta como obstáculo ao novo ou entrar numa experiência de compra. Não se pode querer flertar com o novo e suas naturais incertezas e esperar que haja resultados advindos do mundo conhecido e suas certezas que prosperaram nos últimos 30 anos no mercado financeiro. Assim, comprar ou operar criptomoedas demanda coragem para quebrar paradigmas e apurar o senso analítico e crítico" (Maria Rosa de Paula Henrique, conselheira e mentora no mercado empresarial e corporativo).

184. #citação #criptomoedas #mercado

Você pode pagar contas e boletos utilizando suas criptomoedas. Isso mesmo: criptomoeda é meio de pagamento, assim como é o dinheiro tradicional.

185. #criptomoedas #meiopagamento

Existe uma grande variedade de criptomoedas no mercado, com diferentes propósitos, características e tecnologias associadas.

186. #criptomoedas #altcoins

Recomenda-se fazer a chamada análise fundamentalista antes de investir em uma criptomoeda específica, principalmente se ela não for conhecida do grande público.

187. #criptomoedas #dica #investimento

Antes de investir em criptomoedas, pesquise na internet. Procure opiniões de clientes nas redes sociais sobre a *exchange*, veja se a empresa é formalizada e há quanto tempo está no mercado. Muito cuidado com promessas extravagantes.

188. #dica #exchange #mercado

Quanto mais tempo uma *exchange* está no mercado, mais credibilidade ela tem. É conhecida por clientes, fornecedores, parceiros, agentes reguladores. É mais um indicativo de empresa séria operando criptomoedas.

189. #exchange

Qualquer negócio que você faz no mercado, como comprar uma casa, um carro, um terreno, você procura ver quem está por trás, quem é o dono, sua reputação. E não é diferente quando se busca uma *exchange*.

190. #dica #exchange #mercado

OTC (*Over The Counter*), em português, significa "mercado de balcão". É onde os investidores com grandes quantias negociam criptomoedas usando corretores de balcão diretamente entre si em vez de fazê-lo no livro de ofertas de uma *exchange*.

191. #conceito #mercado

Um ETF (*Exchange Traded Fund*) de criptomoedas é um fundo de investimento que pode ser negociado na bolsa de valores como uma ação. Quem tem um ETF de criptomoeda não tem a criptomoeda consigo, porém participa da rentabilidade que o preço da criptomoeda está apresentando no momento.

192. #conceito #mercado

ETF de cripto é uma opção prática para quem quer se expor ao mercado de cripto sem ter que entender a fundo o mercado, muito menos se preocupar com a custódia das moedas, lembrar de chaves privadas e gerir seus próprios fundos.

193. #criptomoedas #dica #mercado

"A cada dia se faz necessário falar de inclusão digital, inclusão financeira, educação financeira, e criptomoeda não poderia ficar de fora destes temas porque já estão devidamente plugados, e o nome já fala, "moeda", caminho sem volta e já passou da hora" (Sérgio All – CEO Conta Black).

194. #criptomoedas #citação

Algumas das desvantagens de se ter um ETF: você pode ter a cobrança de uma taxa de administração anual, de uma taxa de performance e principalmente você perde todas as vantagens que uma criptomoeda oferece: descentralização, não ser confiscada por ninguém e você ser seu próprio banco.

195. #conceito #mercado

As moedas digitais dos bancos centrais dos países são chamadas de CBDC (*Central Bank Digital Currency*) – em português, moeda digital emitida pelo banco central. É uma versão digital da moeda de um país, um dinheiro que nunca foi impresso fisicamente. Só existe eletronicamente.

196. #cbdc #conceito

Um CBDC, ao contrário das criptomoedas, é centralizado, existindo um agente regulador – no caso, o próprio banco central do país.

197. #cbdc #conceito

Nem todas as criptomoedas são descentralizadas. Existem criptomoedas que são centralizadas por um grupo de pessoas ou empresas. Pesquise, estude e conheça antes de investir.

198. #criptomoedas #dica #mercado

O *bitcoin* representa como investimento aproximadamente 50% do valor de todo o ouro existente no mundo. Fonte: dados sobre capitalização de mercado do *bitcoin* publicado no site Coinmarketcap.com em 2021.

199. #bitcoin #citação #mercado

<https://coinmarketcap.com/> é um site gratuito para acompanhar informações de criptomoedas e *tokens*. Mas atenção: nem todas as criptomoedas nem todos os *tokens* disponíveis no mercado estão lá.

200. #criptomoedas #dica #site

Um *shitcoin* é uma moeda digital que aparentemente não vale nada e os motivos podem ser vários: não ser realmente descentralizada, não existir um propósito para sua criação, não trazer benefícios às pessoas.

201. #conceito #altcoin

Um conselho sábio para quem quer entrar no mercado das criptomoedas é começar pequeno, com pouco dinheiro – aquela quantidade que você pode perder e não lhe fará falta.

202. #criptomoedas #dica #mercado

"O mercado cripto não é algo passageiro: é uma evolução tecnológica e financeira que já deixou de lado as inseguranças dos investidores e está, cada vez mais, ganhando espaço no setor" (Rubens Neistein).

203. #citação #criptomoedas #mercado

4. Segurança

Quando você tem criptomoedas ou deseja adquiri-las, o que mais você deve levar em consideração é a segurança. É ela que garante que você não terá dores de cabeça em nenhum momento.

Como as criptomoedas são descentralizadas em sua grande maioria, voce é 100% responsável por geri-las. E todo cuidado ainda é pouco, uma vez que estamos falando de um ativo totalmente eletrônico. *Hackers* estão de olho em pessoas que pequem no quesito segurança. Se levarem seus fundos, você nunca mais os verá.

Segurança é o primeiro e mais importante mandamento quando você lida com criptomoedas!

Investir com segurança em criptomoedas depende mais de você do que de qualquer outro.

204. #criptomoedas #segurança

Saiba guardar suas próprias criptomoedas. Não deixe com estranhos.

205. #criptomoedas #dica #segurança

Se não quiser que suas criptomoedas sumam da sua carteira, não revele sua chave privada para ninguém.

206. #dica #segurança #wallet

Uma regra de ouro é não deixar suas criptomoedas custodiadas em uma *exchange*. Transfira sempre que possível para a sua carteira. Lembre-se de que você é responsável pelas suas criptomoedas.

207. #dica #exchange #segurança

Entre comprar criptomoedas em uma *exchange* ou no P2P, prefira a *exchange* – a menos que você saiba muito bem com quem você está negociando no P2P.

208. #dica #exchange

Sempre procure saber informações sobre a *exchange* antes de decidir colocar seu dinheiro nela. Na dúvida, não siga em frente com ela. Busque outra.

209. #dica #exchange

Esteja sempre atento a fraudes quando estiver no mercado de criptomoedas.

210. #dica #segurança

Se você perde a chave privada da sua carteira, não tem *call center, help desk* ou suporte ao cliente para recorrer. É *game over* para as criptomoedas daquela carteira.

211. #segurança #wallet

Nunca acesse sua carteira digital ou sua conta na *exchange* através de *wi-fi* público.

212. #dica #segurança #wallet

Quando manusear criptomoedas, seja por aplicativo ou site, habilite sempre a autenticação em dois fatores (2FA). A 2FA cria uma camada extra de defesa em sua conta com credenciais independentes baseadas em senha, *token* de segurança ou biometria.

213. #dica #segurança

Esteja atento aos ataques de *phishing*. No *phishing* um invasor tenta se passar por uma entidade legítima para adquirir suas informações confidenciais.

214. #conceito #dica #segurança

Scam é qualquer esquema, golpe ou ação enganosa e/ou fraudulenta que, normalmente, tem como finalidade obter vantagens financeiras. Existem muitos projetos no mercado de criptomoedas que são puro *scam*. Todo cuidado é pouco.

215. #conceito #dica #segurança

Não armazene sua chave privada no meio digital. Apesar de muita gente fazer isso por comodidade, é maior o risco de alguém hackear seu celular ou computador e conseguir acesso à senha do seu cofre.

216. #dica #segurança #wallet

Armazene sua chave privada em mais de um local.

217. #dica #segurança #wallet

Nunca envie criptomoedas para quem você não conhece. Uma vez feita a operação, não é possível revertê-la.

218. #dica #segurança

Cuidado quando receber *links* de desconhecidos ao operar criptomoedas. Pode ser uma fraude. Busque sempre o endereço do site original.

219. #dica #segurança

KYC (*Know Your Customer*) – em português, "conheça seu cliente". As *exchanges* que são sérias no mercado realizam KYC de seus clientes e pedem que eles apresentem documentação para validar a sua identidade.

220. #exchange #segurança

AML (*Anti-Money Laundering*) – em português, "antilavagem de dinheiro". São técnicas utilizadas para barrar a lavagem de dinheiro, como receber *fiat money* somente via transferência bancária (podendo ser TED ou PIX) e do próprio titular da conta, não de terceiros.

221. #conceito #segurança

A instrução normativa nº 1888 é obrigatória para todos que operam criptomoedas no Brasil.

222. #criptomoedas #regulamentação

A regulamentação é saudável para as criptomoedas. Porém, é preciso bom senso para não acabar matando sua natureza descentralizada.

223. #criptomoedas #regulamentação

A preocupação dos governos com a regulamentação não é proibir ou restringir ao máximo o uso e a circulação das criptomoedas, e sim proteger os direitos do consumidor, recolher impostos, evitar evasão de divisas e coibir a lavagem de dinheiro.

224. #criptomoedas #regulamentação

O uso ilícito de criptomoedas no mundo é de 0,15%, bem menor que o de moedas legais de um país. Fonte: Chainanalysis (2022).

225. #criptomoedas #citação #mercado

5. *Ethereum*

Ethereum vem se tornando a *blockchain* com mais utilidade entre todas as *blockchains* existentes. Isso se deve à sua característica de rodar milhares de *tokens*.

Tem ganhado cada vez mais aceitação pelo público em geral e pelos desenvolvedores, que criam *tokens* e aplicativos descentralizados poderosos.

Venha conhecer mais dessa tecnologia revolucionária.

Ethereum é uma plataforma descentralizada capaz de executar contratos inteligentes, os chamados *smart contracts*, e aplicações descentralizadas usando a tecnologia *blockchain*.

226. #blockchain #conceito #ethereum

Existe todo um ecossistema baseado na rede do *Ethereum*.

227. #ethereum #blockchain

O *Ethereum* foi fundado por Vitalik Buterin em janeiro de 2014.

228. #acontecimento #ethereum

O *ether* é a moeda digital utilizada na plataforma do *Ethereum* para rodar os contratos inteligentes e serve para pagar taxas aos mineradores.

229. #conceito #ether

Gas é a taxa que você paga para transacionar criptomoedas no *Ethereum*.

230. #conceito #ethereum

A sigla utilizada no mercado para *ether* é ETH.

231. #conceito #ether #mercado

ERC é um conjunto de diretrizes e padrões técnicos utilizados pelos desenvolvedores para construção e melhorias na rede *Ethereum*.

232. #conceito #ethereum

Contratos inteligentes ou *smart contracts* são contratos de assinatura digital cuja verificação é realizada por meio de protocolos de computador.

233. #conceito #smartcontracts

"Enquanto a maioria das tecnologias tende a automatizar os trabalhadores na periferia fazendo tarefas domésticas, as *blockchains* automatizam o centro. Em vez de deixar o taxista desempregado, a *blockchain* coloca a Uber fora do trabalho e permite que os taxistas trabalhem diretamente com o cliente" (Vitalik Buterin).

234. #blockchain #citação

Os *tokens* são representações digitais de partes de um ativo. Geralmente são criptoativos necessários para uso, investimento ou monetização de uma aplicação descentralizada.

235. #conceito #token

Os *tokens* não são criptomoedas, pois não possuem *blockchain* própria. Eles rodam em cima de outras *blockchains*.

236. #conceito #token

Token não tem mineração e, portanto, não existem recompensas.

237. #conceito #token

Com criptomoedas as empresas que precisam liquidar operações financeiras internacionais ou enviar remessas ao exterior ganham redução nas taxas transacionadas, facilidade e principalmente velocidade. Operações tradicionais levariam dias; com criptomoedas é questão de minutos – ou até mesmo segundos, dependendo da moeda.

238. #criptomoedas #mercado

Enviar dinheiro para fora do país através do sistema tradicional é caro, demorado e complicado. Com criptomoedas é praticamente instantâneo.

239. #criptomoedas #mercado

A digitalização do dinheiro está melhorando a logística com que os recursos financeiros se movimentam no mercado global.

240. #criptomoedas #mercado

Quando uma criptomoeda gera muita recompensa aos mineradores é um sinal de alerta, pois vai gerar inflação e aumentar a circulação da moeda. Isso pode derrubar o preço da criptomoeda.

241. #criptomoedas #dica #mercado

A *Metamask* é uma carteira popular que serve para armazenar seus *tokens* da rede *Ethereum*. Através da *Metamask* é possível guardar a moeda, enviar e receber pagamentos.

242. #ethereum #token #wallet

As *stablecoins* são criptomoedas cujo valor está atrelado, ou seja, pareado, às moedas tradicionais (*fiat money*), como, por exemplo, o dólar. Uma das *stablecoins* do dólar é o USDT, com paridade de 1 para 1 com o dólar tradicional. Ou seja, 1 USDT equivale a 1 dólar.

243. #conceito #stablecoins

DAI, USDT e USDC são dólar digital, pareados ao dólar.

244. #conceito #criptomoedas

WBTC é o *bitcoin* utilizado na rede do *Ethereum*.

245. #bitcoin #conceito #ethereum

Airdrop é o oferecimento de criptomoedas de graça. Isso acontece com novas moedas lançadas que utilizam esse oferecimento para fazer marketing e atrair novos usuários.

246. #conceito #mercado #token

A *Ethereum* 2.0 é uma grande atualização das regras do *Ethereum* com o propósito de reduzir muito as taxas cobradas na rede e o tempo de confirmação das transações.

247. #conceito #ethereum

A *Ethereum* 2.0 também muda o modelo de mineração de prova de trabalho para prova de participação.

248. #ethereum #mineração

Moeda deflacionária é quando a oferta daquela moeda não aumenta com a demanda ou o uso econômico. Isso não acontece com moedas fiduciárias como o real, por exemplo.

249. #conceito #moeda

Com a prova de participação, o *ether* caminha para se tornar uma moeda cada vez mais deflacionária.

250. #ether #mineração

White paper é um documento técnico que apresenta dados informativos sobre determinado projeto de *token* ou criptomoeda. Sua leitura é uma das análises fundamentalistas que você deve fazer antes de decidir investir na moeda.

251. #conceito #token

ICO (*Initial Coin Offering*), em português, oferta inicial de moeda, é como uma pré-venda de uma criptomoeda ou *token*. Você compra antes de lançarem em uma *exchange*.

252. #conceito #token #mercado

"Tokenização" é o processo através do qual ativos reais ou intangíveis são digitalizados e fragmentados em porções únicas criptografadas que podem ser negociadas através de uma *exchange* ou *marketplace* específico.

253. #conceito #token

Utility token, em português, *token* de utilidade, não é instrumento de investimento e, portanto, não é considerado ativo. São *tokens* que possuem uma utilidade, daí seu nome.

254. #conceito #token

O objetivo principal de um *utility token* é oferecer benefícios para quem adquire o *token*. Exemplo: conceder acesso a bens e serviços da vida real. O conceito é o mesmo de um programa de fidelidade de uma empresa.

255. #conceito #token

Security token, em português, *token* de seguridade, está associado a valores mobiliários, títulos que representam um ativo real, como ações de uma empresa e fundos de investimento. Seu detentor costuma receber dividendos pela valorização dos ativos que o *token* representa.

256. #conceito #token

Fan token é um tipo de *utility token* criado para uma torcida de algum esporte, por exemplo, futebol, e garante benefícios exclusivos aos que possuem esses *tokens.*

257. #conceito #token

Um *faucet* é um site ou *app* que distribui pequenas quantias de criptomoedas em troca da realização de tarefas simples. Exemplos incluem clicar em links, assistir a vídeos de propagandas, jogar alguns jogos etc. Importante é que sejam tarefas realmente bastante simples de ser realizadas na Internet.

258. #criptomoedas #conceito

Existem quatro tipos de *blockchain*: pública, privada, consórcio e semiprivada.

259. #blockchain #tipos

Blockchain pública não possui restrições de entrada de usuários, com participação igualitária entre todos os membros. Nosso maior exemplo é a *blockchain* do *bitcoin.*

260. #blockchain #tipos

Blockchain privada é controlada por um indivíduo ou organização. Para que novos membros possam entrar é preciso autorização.

261. #blockchain #tipos

Na *blockchain* de consórcio existe um conjunto de organizações que controla o acesso e a privacidade. Esse grupo tem poder para determinar se a visualização e o envio de transações serão exclusivos para membros, ou se estarão disponíveis de forma pública, como na *blockchain* pública.

262. #blockchain #tipos

Blockchain semiprivada é parecida com a de consórcio, com um porém: é somente uma organização que controla a entrada de membros.

263. #blockchain #tipos

DAO (*Decentralized Autonomomous Organization*), em português, Organização Autônoma Descentralizada, é uma empresa ou organização propriamente dita administrada sem uma hierarquia, ou seja, sem supervisores, gerentes, diretores ou presidentes, trazendo mais horizontalidade para a governança da organização.

264. #dao #conceito

DAO é um *smart contract*, público, 100% transparente, ou seja, todos conseguem ler o contrato inteligente que a descreve.

265. #dao #conceito

Quando falamos em DAO, não existe uma gestão centralizada como tradicionalmente acontece no mundo corporativo.

266. #dao #conceito

O *bitcoin* é uma DAO, uma vez que é autônomo e roda através de um conjunto de regras de consenso totalmente descentralizado.

267. #dao #bitcoin

DAO compreende um conjunto de código de computador que determina como uma organização ou empresa irá funcionar.

268. #dao #conceito

Em poucas palavras, DAO é uma organização regida por um contrato inteligente que oferece uma governança descentralizada.

269. #dao #conceito

Uma vantagem das DAOs em relação às organizações que não são DAO é que tudo que está escrito no código da DAO vai acontecer exatamente daquela maneira, ao contrário de uma organização tradicional, que, embora possua regras definidas em papel, nem sempre segue à risca a sua governança.

270. #dao #vantagem

"The DAO" foi a organização DAO criada em maio de 2016 e que deu o pontapé para que outras DAOs surgissem. E, ao mesmo tempo, foi a responsável pelo *fork* da rede *Etherium.*

271. #dao #acontecimento

Qualquer organização autônoma com um sistema descentralizado de gerenciamento e orçamento pode ser chamada de DAO.

272. #dao #conceito

Para você fazer parte de uma DAO, basta adquirir *tokens* de governança dessa DAO. Simples assim.

273. #dao #conceito

Tudo numa DAO acontece através de votação. Quem possui *tokens* da DAO tem poder de voto e pode participar de decisões que impactem a organização em um propósito específico pelo qual a DAO foi criada. Isso significa que sua opinião importa e vai ajudar a direcionar o caminho de uma organização DAO da qual você possui *tokens*.

274. #dao #governança

O poder de decisão numa DAO é totalmente descentralizado e distribuído por todo o ecossistema do qual a DAO faz parte, isto é, o coletivo tem o poder, ao contrário de uma empresa tradicional onde a tomada de decisão está nas mãos de poucos. É a descentralização em ação e impactando o mundo de maneira nunca vista antes.

275. #dao #governança

Apesar de uma DAO dar poder de decisão coletiva, tudo depende da quantidade de *tokens* que você possui da DAO e da DAO em si. Poucos *tokens*, pouco poder de decisão. Muitos *tokens*, muito poder de decisão. Na prática, é parecido com o que acontece no mercado corporativo tradicional. Quem possui muitas ações de uma empresa tem muito mais poder de decisão.

276. #dao #governança

Um modelo de DAO e que foi o grande motivador para seu surgimento é dar ao coletivo a possibilidade de votar no que fazer e em que projetos investir com o dinheiro arrecadado de uma ação também coletiva, como um *crowd funding*, por exemplo.

277. #dao #aplicação

6. *DeFi*

DeFi veio para tornar você o seu próprio banco. Ele é capaz de reproduzir os serviços financeiros tradicionais e ainda criar outros que não podem existir no mercado tradicional. Bilhões de dólares são negociados diariamente através do *DeFi*, e, portanto, não temos como ignorar sua existência. Definitivamente é o futuro do mercado financeiro mundial.

Traz como principais vantagens:

- **Praticidade:** não há intermediários entre as transações.
- **Acessibilidade:** as aplicações *DeFi* de empréstimo costumam ser menos burocráticas (não consultam *score* de crédito) e cobram taxas menores do que as praticadas por bancos ou outras instituições.
- **Rendimento:** o *DeFi* pode oferecer taxas de juros mais altas que outras aplicações tradicionais.
- **Anonimato:** para o *DeFi*, o usuário não precisa informar dados pessoais. Porém, as transações ficam registradas nas *blockchains*.

O *DeFi* (*Decentralized Finance*), em português, **finanças descentralizadas**, é um protocolo que busca retirar os intermediários das transações financeiras.

278. #conceito #defi

Quando falamos de *DeFi*, protocolos são aplicativos (dApps) ou *smart contracts.*

279. #conceito #defi

Os principais protocolos de *DeFi* rodam em cima da *blockchain* do *Ethereum* através dos *smart contracts.*

280. #blockchain #defi #ethereum

DeFi é um novo processo de investimento financeiro. Representa uma verdadeira revolução do sistema financeiro.

281. #conceito #defi

Através do *DeFi* você pode fazer empréstimos, seguros, hipotecas, investimentos e muitos outros serviços financeiros.

282. #conceito #defi

Os protocolos de *DeFi* costumam ter fundações e institutos de apoio para possibilitar uma autogovernança. Para ter poder de voto, os usuários adquirem *tokens* específicos, de governança.

283. #defi #token

O propósito do *DeFi* é descentralizar o sistema financeiro.

284. #conceito #defi

Com suas criptomoedas é possível criar uma renda passiva, ou seja, rentabilizar seu cripto capital.

285. #criptomoedas #dica #mercado

Você pode emprestar suas criptomoedas ao mercado e gerar rendimento com elas.

286. #criptomoedas #dica #mercado

Com *DeFi* você consegue criar um rendimento recorrente com suas criptomoedas, além da valorização do preço delas. É o melhor dos mundos.

287. #defi #mercado

Quando você está no *DeFi*, suas criptomoedas não saem da sua carteira. Ao contrário do que acontece quando você negocia criptomoedas em uma *exchange*, elas saem da sua carteira para ir para a carteira da *exchange*.

288. #defi #wallet

"No mundo atual em que a transformação é uma necessidade, quase uma regra, poucas foram as inovações que tiveram a proporção e o impacto futuro daquilo que passou a ser conhecido como criptomoeda. Difícil enxergar a quantidade de oportunidades que a inovação inicial vai proporcionar em oportunidades inovadoras no futuro. Essa é a diferença de um fato inovador e da inovação que mexe com a história" (Pedro Ivanow – Sócio Hub da Gestão).

289. #criptomoedas #citação

Uma das principais carteiras utilizadas no ambiente *DeFi* é a *Metamask*.

290. #defi #wallet

Yield farming nada mais é do que ter rendimentos e ganhar juros com as criptomoedas quando você está no ambiente *DeFi*.

291. #conceito #defi

Staking é quando você deposita criptomoedas em um protocolo *DeFi* para gerar rendimentos. É uma estratégia de *yield farming*.

292. #conceito #defi

Liquidity mining é receber incentivos e recompensas por utilizar um determinado protocolo *DeFi*. Também é uma estratégia de *yield farming*.

293. #conceito #defi

Quando você coloca suas criptomoedas em uma corretora DEX para ganhar sobre as taxas da corretora, você se torna um provedor de liquidez.

294. #conceito #defi

DAI é uma criptomoeda lastreada em outras criptomoedas. É diferente do USDT, que é lastreado no dólar, por exemplo.

295. #conceito #criptomoedas

Hype é o exagero de alguma coisa, o ápice de tudo, o que há de mais intenso e interessante. É quando todo mundo está comentando sobre uma criptomoeda ou uma nova tecnologia específica.

296. #criptomoedas #conceito #mercado

ReFi (*Regenerative Finance*), em português, Finanças Regenerativas, nada mais são do que iniciativas ou ações que têm como objetivo contribuir para um uso mais responsável dos recursos naturais, utilizando principalmente instrumentos de *DeFi* e recursos NFT (*tokens* não fungíveis) para facilitar o financiamento e a governança das iniciativas de regeneração do nosso planeta.

297. #blockchain #refi #defi #conceito

Na prática, o que as iniciativas de *ReFi* podem fazer é "tokenizar" ativos naturais como carbono, áreas florestais, agricultura, entre muitos outros. Da "tokenização" desses ativos podem ser criadas *stablecoins* específicas e assim elas serem utilizadas para disponibilizar diversos serviços financeiros do ecossistema *DeFi*. E tudo isso em torno de um propósito que é impactar positivamente a nossa natureza.

298. #blockchain #refi #defi #conceito

7. NFT

O mercado de NFTs vem crescendo exponencialmente de 2021 para cá e chamando a atenção de grandes investidores, bem como de nomes de peso do *show business*. Esse crescimento se deve ao surgimento do mercado de arte colecionável que acontece dentro da *blockchain*.

"Segundo pesquisa do Civic Science, nos Estados Unidos 11% das pessoas já lucraram ou conhecem alguém que conquistou independência financeira investindo em criptomoedas e NFT. Com a possibilidade de monetizar suas criações digitais ou suas habilidades nos jogos eletrônicos, muitos decidem abandonar seus empregos e investir seu tempo na aquisição e conversão dos NFTs". Fonte: Pyou (2022).

Isso demonstra o potencial dos NFTs. Você não deve em hipótese alguma ignorar sua existência.

NFT (*Non-Fungible Token*) significa em português *token* não fungível. Trata-se de um código gerado em computador que tem como objetivo autenticar um arquivo digital, garantindo sua unicidade.

299. #conceito #nft #token

Os *tokens* não fungíveis são usados para criar escassez digital. É isso que pode trazer alto valor a um NFT.

300. #conceito #nft #token

Ativos fungíveis são unidades que podem ser trocadas sem alteração de valor – por exemplo, uma nota de 10 reais pode ser trocada por dez moedas de um real.

301. #conceito #criptomoedas

Um ativo não fungível possui propriedades específicas e únicas. Um quadro do Leonardo da Vinci é único, não haverá outro igual.

302. #conceito #nft

O NFT funciona como um selo de autenticidade digital, único, impossível de ser corrompido, reproduzido ou mesmo violado.

303. #conceito #nft

A compra de um NFT precisa ser feita por meio de uma *blockchain*. É o mesmo sistema utilizado em transações de criptomoedas.

304. #blockchain #nft

Os NFTs são negociados como colecionáveis ou como obras de arte em diversos *marketplaces*.

305. #mercado #nft

O grande poder conferido aos NFTs é que qualquer pessoa pode criar sua arte de forma digital e realizar a sua negociação em *marketplaces* de forma simples e 100% digital.

306. #mercado #nft

NFT é um mercado altamente lucrativo e com benefícios exclusivos. Porém, cuidado. Há projetos *scam*, que não têm valor, mas fazem os usuários acreditarem que têm. É preciso pesquisar muito, verificar a comunidade do NFT, seu tamanho, engajamento etc. Estude antes de investir.

307. #dica #nft #mercado #segurança

"As NFTs dão a liberdade a artistas de qualquer nicho ou mídia de terem uma opção a mais de monetizar seu trabalho, eternizando suas obras na *blockchain* e recebendo *royalties* perpetuamente nas revendas" (Fernando Quevedo).

308. #blockchain #citação #nft

OpenSea é a maior plataforma *on-line* e *marketplace* de negociação de NFTs no mundo.

309. #nft #site #mercado

"Mintar" é o processo de tornar seu arquivo único e disponível na *blockchain*.

310. #blockchain #conceito #nft

Mint grátis é quando você apenas vai pagar pela taxa de *Gas* da rede ao qual a NFT está sendo mintada. É uma oportunidade de adquirir NFTs pagando bem pouco.

311. #blockchain #conceito #nft

Gas é a unidade utilizada para medir o trabalho realizado pela rede *Ethereum* para qualquer interação que aconteça dentro da rede. Uma quantidade de *Gas* é cobrada em toda transação que ocorre na rede *Ethereum*, assim como toda vez que algum contrato inteligente é executado na rede.

312. #conceito #ethereum

NFT é um *token* insubstituível.

313. #conceito #nft #token

Quando você tem uma NFT, você ganha com os benefícios exclusivos a ela e também com sua valorização no mercado.

314. #nft #mercado

GameFi é um conceito que monetiza os jogos (*games*) em *blockchain*, mesclando assim jogos e finanças.

315. #conceito #blockchain #gamefi

Os recursos que definem o *GameFi* e o separam dos jogos tradicionais são a propriedade dos ativos (por exemplo: armas que um jogador utiliza durante o *game*), a possibilidade de negociar esses ativos e a transparência dos dados.

316. #conceito #gamefi

GameFi recompensa mais os jogadores por todo o tempo e habilidade que dedicam ao jogo.

317. #conceito #gamefi

Existem NFTs que são tokenizadas, isto é, você pode adquirir parte de uma NFT com *tokens* através de *marketplaces* específicos e com isso se tornar "acionista" daquela NFT em particular. Se a NFT valorizar, seu *token* consequentemente também irá. O inverso também é verdade.

318. #nft #token

8. Metaverso

Metaverso parece coisa de ficção científica e realmente é, com um porém: está se tornando cada vez mais real e transformará a maneira como nos comunicamos, interagimos e negociamos. Pode tomar conta da internet nos próximos anos. Através de avatares, será possível fazer tudo no mundo virtual: trabalhar, se divertir, comprar, ganhar dinheiro, se reunir com os amigos e muito, mas muito mais mesmo.

É o futuro, e ele está mais perto do que você imagina.

Meta é indicação de que transcende, vai além de outra coisa (metafísica). Universo é o conjunto de todos os astros com tudo que neles existe. O sistema do mundo.

319. #conceito #metaverso

Metaverso é um tipo de nova camada do mundo real que integra os mundos real e virtual. Um ambiente virtual imersivo que roda através de realidade virtual (RV), realidade aumentada (RA), realidade estendida (XR), redes sociais, *blockchain* e criptomoedas.

320. #conceito #metaverso

O termo "metaverso" apareceu pela primeira vez em 1992 em um livro de ficção científica chamado *Snow Crash*. O objetivo central do livro era as pessoas fugirem da sua realidade e viverem em um mundo virtual através de seus avatares.

321. #acontecimento #metaverso

O metaverso pode ser entendido de forma simples como a comunicação e interação das pessoas entre mundos virtuais.

322. #conceito #metaverso

Avatar é a representação de si mesmo com o objetivo de se personificar em ambientes virtuais.

323. #conceito #metaverso

A reunião de pessoas em um ambiente virtual para assistir a um show ou uma palestra através de seus avatares é uma prática do metaverso.

324. #metaverso

"Metaverso não é um metaverso. É a próxima geração da internet. Um multiverso descentralizado, conduzido por uma nova e abundante geração de criadores" (Jon Radoff).

325. #citação #metaverso

O metaverso é o componente principal da chamada *web* 3.0.

326. #conceito #metaverso

O famoso jogo *Second Life* também é uma espécie de metaverso, onde os jogadores através de seus avatares podiam interagir com outros jogadores.

327. #metaverso

A *web* 3.0 representa a internet imersiva, aberta e descentralizada. É o contrário da *web* 2.0, fechada, centralizada e nada imersiva.

328. #conceito #metaverso

"O metaverso é um universo digital que vai além da internet que conhecemos hoje. Essa visão para o estado futuro da *web* tem o potencial de transformar nossas interações sociais, negociações comerciais e a economia da internet em geral" Fonte: Grayscale (2021).

329. #citação #metaverso

O metaverso possibilita novas e ricas experiências com o varejo, unindo produtos virtuais com produtos físicos.

330. #metaverso

A ideia é você comprar, por exemplo, um tênis ou uma roupa no metaverso e o produto ser enviado fisicamente para você. Isso mesmo, visitar lojas virtuais em qualquer parte do mundo e comprar produtos reais.

331. #metaverso

Para quem joga, será possível comprar uma roupa para seu personagem no jogo e recebê-la fisicamente em sua casa. Real e virtual integrados, uma coisa só.

332. #metaverso

Metaverso vai permitir que você entre "dentro" da internet. Você e seu avatar transitando entre o mundo real e a internet.

333. #metaverso

As criptomoedas desempenham papel fundamental na monetização do metaverso, uma vez que o dinheiro dentro da internet precisa ser digital, isto é, moedas digitais.

334. #metaverso #mercado

A *blockchain* pode ser a base da economia do metaverso.

335. #blockchain #metaverso

O *ether* tem se tornado a própria moeda do metaverso.

336. #ethereum #metaverso

O metaverso possibilita um *e-commerce* global digital. Negociar determinados conteúdos digitais não seria possível sem o metaverso.

337. #metaverso #mercado

No mundo corporativo, o metaverso permite que reuniões virtuais possam acontecer como se todos se sentissem no mesmo local físico, por exemplo.

338. #metaverso

O mercado imobiliário já está sendo impactado pelo metaverso, com a negociação de terrenos e casas totalmente virtuais. Isso possibilita a criação de uma nova área de trabalho para corretores de imóveis.

339. #mercado #metaverso

A grande questão é a privacidade das informações, pois a partir do momento em que você se insere dentro do metaverso toda a sua vida passa a ser monitorada e rastreada.

340. #metaverso #segurança

"Você pode pensar no metaverso como uma internet incorporada, onde, em vez de apenas ver o conteúdo, você está nela. E você se sente presente com outras pessoas como se estivesse em outros lugares, tendo experiências diferentes que você não poderia necessariamente fazer em um aplicativo 2D ou página da *web*, como dançar, por exemplo" (Mark Zuckerberg).

341. #citação #metaverso

O metaverso está provocando uma verdadeira transformação econômica mundial, com a criação e o consumo de ativos digitais em uma escala nunca vista antes.

342. #mercado #metaverso

9. Mitos

Quando o assunto é criptomoeda, existe muita história circulando para o bem e para o mal. Há notícias que não são reais, outras que são parcialmente verdadeiras, porém manipuladas, e ainda há aquelas que distorcem a realidade.

Reunimos aqui 21 mitos sobre criptomoedas. Quem ouve acaba por se afastar de um mercado do qual ninguém deveria estar de fora.

Vamos a eles!

As criptomoedas são usadas basicamente para o submundo do crime. No Brasil o uso ilícito de criptomoedas é de menos de 1% do total circulado. No mundo, é de 0,15%. Fonte: ChainAnalysis (2022). Ou seja, criptomoeda não é usada em sua grande maioria para fins ilícitos.

343. #criptomoedas #mito

Os governos podem destruir o bitcoin. Como o *bitcoin* é descentralizado, ou seja, não há uma entidade centralizadora por trás dele, ninguém consegue desligar a rede do *bitcoin*. Para isso acontecer, todos os computadores que existem no mundo (os nós) teriam que ser desligados, o que é impossível.

344. #bitcoin #mito

É fácil obter renda com criptomoedas. Não é nada fácil você conseguir renda com criptomoedas, principalmente a curto prazo. Por ser um ativo extremamente volátil, seu preço sobe e desce sem aviso prévio. Quem disser que existe rentabilidade garantida com criptomoedas é pirâmide, e de pirâmide financeira a gente foge.

345. #criptomoedas #mito

***Blockchain* só serve para criptomoedas.**
A *blockchain* tem inúmeras aplicações no mundo dos negócios – na área de logística, de seguros, de cartórios e em muitos outros setores. Em 2018 a revista Forbes publicou mais de 30 aplicações com *blockchain* (MARR, 2018). Você confere o *link* desta matéria nas referências.

346. #blockchain #mito

Investir em criptomoedas é livre de risco.
Absolutamente falso. Criptomoedas são muito mais arriscadas que ações e até mesmo derivativos. Por ser um mercado extremamente volátil, os riscos existem e devem ser calculados antes de se investir.

347. #mercado #mito

A mineração é algo muito lucrativo.
A mineração com Prova de Trabalho consome uma quantidade muito grande de energia elétrica. É preciso fazer cálculos para descobrir se é rentável ou não minerar criptomoedas na região onde você mora.

348. #mineração #mito

Bitcoin é muito volátil para ser uma reserva de valor. Apesar de o *bitcoin* ter um preço muito volátil, com o passar do tempo sua volatilidade tende a diminuir até que ele atinja o mesmo nível de maturidade e aceitação que o ouro apresenta. Para longo prazo, o *bitcoin* se mostra uma excelente opção de reserva de valor. Lembrando que isso não é recomendação de investimento, é uma análise fundamentalista.

349. #bitcoin #mito

Bitcoin falhou como meio de pagamento. O *bitcoin* não é veloz como são algumas outras criptomoedas conhecidas, como, por exemplo, a *litecoin*. Com ela você conseguiria pagar seu cafezinho em poucos segundos. Isso você já não consegue com *bitcoin*. Porém, para grandes valores em dinheiro, *bitcoin* se mostra uma ótima opção de pagamento.

350. #bitcoin #mito

Bitcoin não tem lastro. O lastro ou a garantia implícita do *bitcoin* está na sua tecnologia, que garante que as transações sejam feitas de forma segura e sem fraudes.

351. #bitcoin #mito

***Bitcoin* não é escasso porque qualquer um pode criar criptomoedas.** Essa é a maior mentira que podem contar. Por regra escrita em código de programação, haverá somente 21 milhões de *bitcoins* no mundo, o que garante sua total escassez. Ao contrário de outras criptomoedas, que podem ter sua reserva de suprimentos (*supply*) na casa de bilhões ou até mesmo trilhões e até "imprimir" mais criptomoedas, mesmo que copiem o código de programação do *bitcoin*, não podem clonar a aceitação, o reconhecimento de nome e a segurança que apenas a rede de *bitcoin* apresenta. Foi criado um valor para todo o ecossistema no qual o *bitcoin* está inserido (mineradores, *exchanges*, investidores). Replicar esse valor a partir de um clone é bastante complicado.

352. #bitcoin #mito

Se o bitcoin for bem-sucedido, os governos vão banir. O que os governos podem fazer é proibir *exchanges* e outras instituições financeiras de operar com criptomoedas, mas mesmo assim o *bitcoin* continuaria operando no P2P. Porém, o que temos visto é cada vez mais países aderindo ao *bitcoin*.

353. #bitcoin #exchange #mito

Para obter mais bitcoins, basta copiar os arquivos de uma carteira várias vezes. As carteiras digitais não contêm criptomoedas. O que elas armazenam são as chaves privadas. Com a chave privada você tem acesso ao fundo de criptomoedas. Por isso, copiar os arquivos de uma carteira irá copiar a chave privada criptografada, não os *bitcoins*.

354. #bitcoin #mito #wallet

O bitcoin é ilegal. Depende do país. Há países onde o *bitcoin* é, sim, proibido e outros onde seu uso, negociação e circulação são permitidos. É preciso operar onde o *bitcoin* for legal – em países como o Brasil, por exemplo.

355. #bitcoin #mito

Bitcoin é uma pirâmide. *Bitcoin* é confundido com pirâmide ou esquema Ponzi devido aos milhares de esquemas financeiros prometendo rentabilidade com criptomoedas, entre elas, o *bitcoin*. As pessoas, por inocência e às vezes até mesmo ganância, querendo enriquecer fácil, entram nesses esquemas e perdem todo o seu dinheiro em pouquíssimo tempo. E aí a fama se espalha: "*bitcoin* é pirâmide". Mas quando você conhece seus fundamentos e sua tecnologia, você sabe que isso é um grandíssimo mito.

356. #bitcoin #mito

***Bitcoin* possibilita a lavagem de dinheiro.** Lavar dinheiro significa tornar um dinheiro que foi ganho de forma ilegal em algo legal. Não há como você dizer que ganhou *bitcoins* do nada: você precisa comprá-los em uma *exchange*, e para isso você tem que ter dinheiro já legalizado e declarar de quem comprou esses *bitcoins*. Você também pode minerá-los ou aumentar seus *bitcoins* fazendo negociações de *trading* (comprando na baixa e vendendo na alta). Mas qualquer um que investigar pode facilmente identificar caso você tente cometer uma fraude, pois o *bitcoin* é rastreável.

357. #bitcoin #exchange #mito

O bitcoin é uma bolha. "Apesar de ser verdade que algumas pessoas compram *bitcoin* como investimento especulativo em busca de um elevado retorno, tal não significa que o próprio *bitcoin* seja uma bolha. As bolhas são ciclos econômicos caracterizados por aumentos insustentáveis no valor de mercado. Estas acabam por rebentar quando os investidores percebem que os preços são muito mais elevados do que o valor fundamental de um ativo. Ocasionalmente, o *bitcoin* é comparado com a infame bolha especulativa da "febre da tulipa" no século XVII. Em 1637, os especuladores fizeram com que os preços de algumas variedades de tulipas aumentassem 26 vezes. A bolha durou seis meses, rebentou e nunca se recuperou" (COINBASE, s.d.)

358. #bitcoin #citação #mito

O bitcoin não tem utilizações no mundo real. Hoje você consegue comprar terrenos, casas, apartamentos e carros, com *bitcoin*. O grande poder do *bitcoin* reside no fato de ser possível realizar pagamentos a qualquer pessoa no globo terrestre sem necessitar de um banco ou outra instituição financeira como intermediário.

359. #bitcoin #mito

O bitcoin não tem valor real. O *bitcoin* foi criado para ser um ativo escasso e imune à inflação. E sua tecnologia garante isso. Ele possui valor real à medida que mais pessoas confiam e querem possuí-lo.

360. #bitcoin #mito

O bitcoin será simplesmente substituído por um concorrente. O *bitcoin* é a primeira criptomoeda bem-sucedida tecnologicamente falando, a que está mais tempo no mercado e sem falhas. Ela criou uma reputação, uma "marca", e superar isso não será tarefa nada fácil.

361. #bitcoin #mito

Investir em bitcoin é jogar. No começo da sua circulação o *bitcoin* era extremamente especulativo. Pessoas entravam para fazer muito dinheiro, muito rápido. Entretanto, à medida que o *bitcoin* fica mais conhecido, mais gente de peso entra nele. Investidores institucionais, por exemplo, não entram para jogar e sim para investir quantias volumosas.

362. #bitcoin #mercado #mito

O bitcoin não é seguro. A *blockchain* garante total segurança ao *bitcoin*. Suas características de integridade mantêm o *bitcoin* altamente seguro. Riscos de segurança estão com quem o possui, se não tomar os cuidados necessários e abordados neste livro.

363. #bitcoin #blockchain #mito #segurança

10. Conclusão

Por ora finalizamos nossa jornada pelos principais conceitos, termos e expressões do mundo das criptomoedas, com dicas rápidas para ajudá-lo.

Esse mercado não para, está em constante movimento, evolução, aprimoramento, desenvolvimento e inovação constante.

É sim, com certeza, um excelente ponto de partida e rápido para você que não quer mais ficar de fora.

Entretanto, nossa recomendação é: leia mais, estude, questione, siga *influencers* de cripto, discuta com outras pessoas e esteja nos lugares certos, com as pessoas certas, adquirindo conhecimento. Essa é a chave para você ter sucesso no extraordinário mundo das criptomoedas.

Seja muito bem-vindo(a)!

Saiba mais

Reunimos a seguir uma coleção de links para você acompanhar o universo de criptomoedas. Ressaltamos que existem muitos outros sites sobre o tema. Esses foram indicados por serem conhecidos e utilizados no dia a dia dos autores do livro. Vamos a eles!

Acompanhar notícias de última hora sobre o mundo de criptomoedas

https://cointelegraph.com/
https://cointimes.com.br/
https://www.criptofacil.com/
https://criptonizando.com/
https://guiadobitcoin.com.br/
https://livecoins.com.br/
https://portalcripto.com.br/
https://portaldobitcoin.uol.com.br/
https://www.universidadedobitcoin.com.br/
https://webitcoin.com.br/

Acompanhar em tempo real o preço do *bitcoin* e o volume vendido nas principais *exchanges* do Brasil

https://cointradermonitor.com/preco-bitcoin-brasil

Analisar gráficos de uma determinada criptomoeda ou *token*

https://br.tradingview.com/
https://trdr.io/

Verificar *hashes* de transações de BTC e dados sobre a *blockchain* em tempo real

https://www.blockchain.com/explorer
https://mempool.jhoenicke.de/

Verificar *hashes* de transações de ETH e dados sobre a *blockchain* em tempo real

https://etherscan.io/
https://www.useweb3.xyz/gas

Verificar *hashes* de transações da rede BSC e dados sobre a *blockchain* em tempo real

https://bscscan.com/

Rastrear transações de criptomoedas e *tokens*

https://explorer.bitquery.io/

Conhecer mais detalhes de uma criptomoeda ou *token*

https://bitinfocharts.com/
https://coinmarketcap.com/
https://www.coingecko.com/
https://cryptobubbles.net/

Acompanhar dados em tempo real sobre o mercado de futuros de criptomoedas

https://www.coinglass.com/

Acompanhar o sentimento do mercado cripto

https://alternative.me/crypto/fear-and-greed-index/

Acompanhar projetos *DeFi*, mercado e principais notícias

https://deficoins.io/
https://defiprime.com/
https://www.defipulse.com/
https://defirate.com/
https://zapper.fi/

Acompanhar dados em tempo real sobre o mercado de NFTs

https://cryptoslam.io/
https://icy.tools/
https://nonfungible.com/
https://moby.gg/
https://nftgo.io/

Sites de metaverso

https://decentraland.org/
https://pt-br.urnowhere.com/
https://www.sandbox.game/

Agenda de eventos sobre criptomoedas

https://agendabtc.com.br/
https://coinmarketcal.com/

Eventos sobre criptomoedas no Brasil

https://bitconf.com.br/
https://blockchainrio.com.br/
https://www.blockmaster.com.br/

Fóruns sobre criptomoedas

https://bitcointalk.org/
https://www.facebook.com/groups/btcbr/
https://www.reddit.com/r/Bitcoin/

Educação cripto

https://clubecripto.com.br/
https://escolacripto.com.br/
https://www.udemy.com/
https://blockchainacademy.com.br/

Apêndice
Educação criptofinanceira

Sabemos a função social da educação financeira, cujo propósito é auxiliar as pessoas no processo de uso consciente e sustentável de seus recursos financeiros fazendo as alocações mais adequadas de acordo com os seus rendimentos, objetivos e perfil de investimento. Em contrapartida, há alguns impeditivos estruturais que fazem com que esse conhecimento não seja difundido da maneira correta e que alguns pontos, como criptoativos, não estejam na pauta dessa temática.

Criar o hábito do controle financeiro é um grande desafio, mas se educar para isso é a ferramenta eficaz para a redução de desigualdades sociais, para o crescimento financeiro, possibilitando o aumento de sua renda e refletindo positivamente na sociedade. A pandemia, bem como o isolamento social que consequentemente gerou restrições financeiras (escassez, em alguns casos), deu luz à temática, pois muitos sentiram de maneira dolorosa as consequências de não ter, por exemplo, uma reserva financeira que pudesse promover a manutenção da renda, quando ela lhe faltasse. E, recentemente, diversas iniciativas nesse sentido têm surgido para a criação de um cenário que possibilite maior difusão de informações financeiras para a população, envolvendo vários atores sociais e trazendo consigo técnicas para hábitos de poupar, investir e planejar as finanças pessoais.

Infelizmente, a educação financeira não está presente no cronograma educacional básico do nosso país, que tem um cenário assustador, principalmente quando olhamos para as avaliações realizadas com os egressos da escola: mais de 70% dos alunos não sabem fazer operações matemáticas simples ao sair do ensino médio. Dentro dessa realidade, ainda estamos "engatinhando" nos conceitos básicos, quando pensamos nos pilares Poupar Dinheiro, Investir Dinheiro e Ganhar Dinheiro. E se dependermos dos grandes *players* do mercado, o conhecimento difundido ainda resultará em uma opção de baixo rendimento e longo prazo.

Nosso convite é para que você, leitor, amplie cada vez mais o entendimento em novas verticais do mundo das finanças, em especial o universo dos criptoativos. Vale a pena ressaltar que todo conhecimento se faz necessário, uma vez que a falta de segurança e sapiência resulta no crescimento de constantes fraudes e golpes financeiros, que fazem uso exatamente da ignorância das pessoas na temática.

A criptoeconomia é um tema que precisa ser difundido, conhecido, destrinchado e estressado – sem dúvida alguma precisa fazer parte do que chamamos de "Nova Educação Financeira", porque conceitua e contextualiza temáticas atuais que estão cada vez mais conectadas à era digital. Ampliar os conteúdos educacionais permite que indivíduos e famílias diversifiquem sua carteira de investimentos. Para que as pessoas não fiquem suscetíveis a golpes, é fundamental a popularização de conceitos como *blockchain*, *bitcoin*, *altcoins* e do ecossistema de investimentos (*exchanges*, *tokens*, criptomoedas).

Concluímos ressaltando que o conhecimento se faz necessário e precisa ser democrático. E isso só poderá ser factível a partir do momento em que os atores do ecossistema investirem na criação de uma nova e frutífera cultura. O consumidor final também exerce um papel importante nessa cadeia, nutrindo-se de informações e assim criando massa crítica para comparar as opções disponíveis com os investimentos tradicionais e traçar melhores estratégias de investimento, que conversem com a sua realidade financeira e sua aptidão ao risco.

Criptomoedas em tweets – Autoavaliação

Após completar sua jornada do livro pelos principais conceitos, o que acha de realizar um teste para medir seu nível de conhecimento em criptomoedas?

Ao final do teste, você tem o gabarito para identificar quantas respostas acertou e assim descobrir sua proficiência em criptomoedas: você é expert, sênior, pleno ou júnior em criptomoedas? Vamos descobrir?

O teste também pode ser realizado *on-line* no site <https://bityli.com/criptomoedas-em-tweets> ou via o QR Code a seguir:

1) O que é *blockchain*?

   1. O protocolo do software *bitcoin*
   2. Um conjunto de blocos contendo transações
   3. Um conjunto de transações
   4. Banco de dados descentralizado

2) Um algoritmo de criptografia transforma texto simples em texto codificado usando uma chave.

   1. Verdadeiro
   2. Falso

3) Quando você deseja transacionar *bitcoins*, você precisa transacionar:

   1. 1 *bitcoin* inteiro
   2. Qualquer quantia acima de 1 *bitcoin*
   3. Múltiplos de 1 *bitcoin*
   4. Qualquer fração de *bitcoin*

4) Operar no mercado *spot* é mais arriscado que operar no mercado de futuros.

   1. **Verdadeiro**
   2. **Falso**

5) A regulamentação tende a ser saudável para o investidor de criptomoedas.

   1. **Verdadeiro**
   2. **Falso**

6) Apenas posso comprar unidades inteiras de *bitcoin*.

   1. **Verdadeiro**
   2. **Falso**

7) *Tokens* e criptomoedas são sinônimos.

   1. **Verdadeiro**
   2. **Falso**

8) Arbitragem é quando:

   1. **Compro criptomoedas num local mais barato e vendo por um preço mais caro em outro local**
   2. **Opero no mercado de futuros**
   3. **Entrego minhas criptomoedas a pedido da justiça**
   4. **Resolvo sair do mercado**

9) Todo usuário *bitcoin* é um minerador da rede *bitcoin*.

   1. **Verdadeiro**
   2. **Falso**

10) O valor do *bitcoin* é definido pelos mineradores de *bitcoin*.

   1. **Verdadeiro**
   2. **Falso**

11) Quais serviços são possíveis de se obter com *DeFi*?

   1. **Somente empréstimos**
   2. **Empréstimos e seguros**
   3. **Empréstimos, seguros e hipotecas**
   4. **Uma infinidade de serviços financeiros**

12) O que é um ajuste de dificuldade da mineração de *bitcoins*?

   1. **O método de recompensar os mineradores**
   2. **Ajustar o esforço da Prova de Trabalho**
   3. **Um *pool* de mineração**
   4. **Uma ferramenta para aumentar o preço do *bitcoin***

13) Quem criou o *bitcoin*?

   1. **Satoshi Iakamoto**
   2. **Vitalik Buterin**
   3. **Satoshi Nakamoto**
   4. **Nenhuma dessas opções**

14) O que são *faucets*?

   1. **São as faces do *bitcoin***
   2. **É o perfil de Satoshi Nakamoto nas redes sociais**
   3. **Sites que distribuem pequenas quantias de criptomoedas em troca da realização de tarefas simples**

15) Qual o nome de uma subunidade de *bitcoin*?

   1. **Real**
   2. **Satoshi**
   3. **Centavo**
   4. **Dólar**

16) Um usuário *bitcoin* pode criar endereços sempre que precisar.

   1. **Verdadeiro**
   2. **Falso**

17) Qual é a opção que oferece menos riscos ao comprar criptomoedas?

   1. **P2P**
   2. ***Exchange***
   3. ***Wallet***

18) O que é minerar *bitcoins*?

   1. **Explorar minas à procura de *bitcoins***
   2. **Realizar transação P2P**
   3. **Validar as transações de *bitcoin* em troca de pagamento em *bitcoins***

19) Ao fazer *backup* de sua carteira *bitcoin*, contanto que você copie seus endereços, seus *bitcoins* estão seguros.

   1. **Verdadeiro**
   2. **Falso**

20) *Exchanges* são o meio mais seguro de deixar guardadas suas criptomoedas.

1. **Verdadeiro**
2. **Falso**

21) Quantas criptomoedas existem no mundo?

1. **1**
2. **10**
3. **100**
4. **Milhares**

22) Satoshi Nakamoto inventou uma maneira de alcançar o consenso descentralizado.

1. **Verdadeiro**
2. **Falso**

23) O que é mintar?

1. **Guardar suas criptomoedas em uma *wallet***
2. **Tornar um arquivo digital único e disponível na *blockchain***
3. **Vender seu NFT no mercado**
4. **É o mesmo que minerar *bitcoins***

24) Ethereum 2.0 é o mesmo que web 2.0.

1. **Verdadeiro**
2. **Falso**

25) O saldo de cada conta *bitcoin* não é mantido privado pela *blockchain*.

1. **Verdadeiro**
2. **Falso**

26) Quais tipos de chaves você pode compartilhar com outras pessoas?

1. **Somente a chave privada**
2. **Somente a chave pública**
3. **Chave privada e chave pública**

27) Se 99% dos nós do *bitcoin* forem destruídos, a rede *bitcoin* sobreviverá, já que apenas um nó completo é necessário para reconstruir a rede.

1. **Verdadeiro**
2. **Falso**

28) Qual é o nome do trabalho de pesquisa que trouxe o *bitcoin* ao mundo?

1. ***Bitcoin*: um sistema de moeda eletrônica**
2. ***Bitcoin*: um sistema de dinheiro eletrônico *peer to peer***
3. ***Bitcoin*: um sistema de moeda eletrônica *peer to peer***
4. ***Bitcoin*: um sistema de dinheiro através de duas redes**

29) Comprar criptomoedas é menos arriscado que comprar ações de uma empresa.

   1. **Verdadeiro**
   2. **Falso**

30) O *bitcoin* consiste em uma pirâmide financeira.

   1. **Verdadeiro**
   2. **Falso**

31) Qual é a origem de Satoshi Nakamoto?

   1. **China**
   2. **Japão**
   3. **Estados Unidos**
   4. **Nenhuma das anteriores**

32) USDT é uma *stablecoin*.

   1. **Verdadeiro**
   2. **Falso**

33) Quem são as baleias no mundo das criptomoedas?

   1. **Comerciantes**
   2. **ONGs**
   3. **Grandes investidores**
   4. **Pequenos investidores**

34) Você deve pagar uma taxa à rede ao enviar uma transação de *bitcoin* ou esta pode não chegar ao seu destino.

   1. **Verdadeiro**
   2. **Falso**

35) Toda criptomoeda é descentralizada.

1. **Verdadeiro**
2. **Falso**

36) O que você pode fazer para se proteger de um *scam*?

1. **Nada. Se chegou até você, é porque é de confiança**
2. **Clicar no link para descobrir o que é**
3. **Investigar mais a fundo do que realmente se trata antes de investir**

37) Com que frequência a recompensa do bloco *Bitcoin* cai pela metade?

1. **Não cai**
2. **210.000 blocos ou a cada quatro anos**
3. **A cada 2 anos**
4. **A cada 6 meses ou 25.000 blocos**

38) *Bitcoin* é uma forma de rede:

1. **Centralizada**
2. **Descentralizada**
3. **Horizontal**
4. **Vertical**

39) DEX são *exchanges* centralizadas.

1. **Verdadeiro**
2. **Falso**

40) A integridade e a ordem cronológica da cadeia de blocos do *bitcoin* são protegidas por criptografia.

1. **Verdadeiro**
2. **Falso**

41) Como funciona o protocolo *bitcoin*?

1. **É centralizado**
2. **É distribuído**
3. ***Skynet***
4. **É propriedade da Fundação *Bitcoin***

42) Qual destes nomes não é uma criptomoeda?

1. **USD**
2. **BTC**
3. **ETH**
4. **DAI**

43) O que está presente em uma transação *bitcoin* para criar consenso e evitar o gasto duplo?

1. **Taxa de *hash* e endereço**
2. **Mineração e *blockchain***
3. **Carteira e chave privada**
4. **Taxa de *hash* e chave pública**

44) É possível investir em criptomoedas a partir de fundos de investimento?

1. **Verdadeiro**
2. **Falso**

45) No metaverso as pessoas são representadas por:

1. **Memes**
2. **Avatares**
3. **Figuras mitológicas**
4. **Animais**

46) O *bitcoin* é uma bolha financeira.

1. **Verdadeiro**
2. **Falso**

47) O que são *smart contracts*?

1. **Contratos firmados entre quem compra e vende criptomoedas**
2. **Códigos de programação que definem regras que são aplicadas de forma automática**
3. **Contratos jurídicos compactos**
4. **Nenhuma das anteriores**

48) O que é uma assinatura criptográfica?

1. **Mecanismo físico que permite que alguém consiga enviar mais de uma vez *bitcoins***
2. **Assinatura da caneta esferográfica**
3. **Mecanismo matemático que permite que alguém prove a propriedade de uma carteira de criptomoedas**
4. **Nenhuma das anteriores**

49) Não existe rentabilidade garantida com criptomoedas.

1. **Verdadeiro**
2. **Falso**

50) DAO é:

1. **Uma criptomoeda como *bitcoin***
2. **Uma empresa dirigida por um CEO**
3. **Uma organização ou empresa com governança descentralizada**
4. **A *blockchain* da DAI**

51) A única maneira de ganhar dinheiro com criptomoeda é quando o preço da moeda sobe.

1. **Verdadeiro**
2. **Falso**

52) Como é possível conseguir rentabilidade com suas criptomoedas?

1. **Colocando seu dinheiro numa pirâmide financeira**
2. **Aplicando em serviços do ecossistema *DeFi***
3. **Investindo em ações**
4. **Nenhuma das anteriores**

53) *Bitcoin* é uma *stablecoin*.

1. **Verdadeiro**
2. **Falso**

54) Esta organização tem autoridade sobre o preço de um *bitcoin*.

1. ***Exchanges***
2. **Fundação do *Bitcoin***
3. **Desenvolvedores do *bitcoin***
4. **Nenhuma organização tem autoridade sobre o preço do *bitcoin***

55) A forma mais recomendada de começar no mercado cripto é:

1. **Aplicar muito dinheiro, pois vou enriquecer em pouquíssimo tempo**
2. **Aplicar pouco e crescendo conforme vou ganhando confiança e entendimento sobre o mercado**
3. **Não aplicar, pois é um mercado apenas para os investidores institucionais**
4. **Fazer um empréstimo no seu banco**

56) É possível destruir o *bitcoin*.

1. **Verdadeiro**
2. **Falso**

57) O que é a *metamask*?

1. **Um tipo de metaverso**
2. **Uma *wallet* para guardar suas criptomoedas**
3. **Uma plataforma de *exchange***
4. **Uma máscara de criptografia**

58) O *bitcoin* não é limitado em sua oferta.

1. **Verdadeiro**
2. **Falso**

59) Quantos *satoshis* tem 1 *bitcoin*?

1. **1.000.000**
2. **10.000.000**
3. **100.000.000**
4. **1.000.000.000**

60) Prova de Trabalho não é sinônimo de Prova de Participação.

1. **Verdadeiro**
2. **Falso**

61) A taxa a ser paga para o envio de *bitcoins* é sempre um valor fixo:

1. **Verdadeiro**
2. **Falso**

62) O que é uma chave privada no *bitcoin*?

1. **A senha da sua conta bancária**
2. **Executando uma transação anonimamente**
3. **O número secreto que lhe dá acesso a sua carteira**
4. **A capacidade de acessar a *blockchain***

63) CBDC é uma criptomoeda como o *bitcoin*.

1. **Verdadeiro**
2. **Falso**

64) Quais dos itens a seguir podem ser vendidos como NFT?

1. **Seu celular**
2. **Coleção de fotos da família**
3. **Sua televisão usada**
4. **Nenhuma das anteriores**

65) Contratos inteligentes precisam ser assinados em cartório.

1. **Verdadeiro**
2. **Falso**

66) Qual a diferença entre *utility token* e *security token*?

1. ***Security token*** **oferece segurança as suas criptomoedas enquanto** ***utility token*** **não**
2. ***Utility token*** **possui uma utilidade, enquanto o** ***security token*** **pode lhe render dividendos**
3. **Os dois são criptomoedas como o** ***bitcoin***

67) Quantos *bitcoins* haverá algum dia?

1. **10 milhões**
2. **18 milhões**
3. **21 milhões**
4. **100 milhões**

68) Quais são as opções de *trade* no mercado cripto?

1. **Somente *position trade***
2. ***Position* e *swing trade***
3. ***Daytrade***
4. ***Position trade, swing trade, scalping* e *daytrade***

69) As carteiras frias ou *cold wallets* recebem este nome porque não têm conexão com a rede pública.

1. **Verdadeiro**
2. **Falso**

70) *Bitcoin* é a moeda mais estável que existe entre todas as criptomoedas.

1. **Verdadeiro**
2. **Falso**

71) Qual é a tecnologia que está por trás do *bitcoin*?

1. **Chaves privadas**
2. ***Blockchain***
3. **Carteiras multiassinadas**
4. ***Exchanges***

72) A dificuldade da rede do *bitcoin* é ajustada a cada duas semanas no domingo à meia-noite.

1. **Verdadeiro**
2. **Falso**

73) Uma operação com *bitcoins* pode ser revertida.

1. **Verdadeiro**
2. **Falso**

74) Metaverso é:

1. **O mundo físico onde as pessoas se conectam através de seus *smartphones***
2. **Um ambiente que integra realidade física com realidade virtual para que as pessoas interajam**
3. **Uma aplicação descentralizada**
4. **Um sistema de videochamada**

75) Todas as criptomoedas existentes são não fungíveis.

1. **Verdadeiro**
2. **Falso**

76) Um *bitcoin* pode ser subdividido em no máximo 100 milhões de subunidades.

1. **Verdadeiro**
2. **Falso**

77) O que é um *fork*?

1. **É quando acontece uma cópia da *blockchain* atual de uma criptomoeda para se criar outra moeda**
2. **Uma nova emissão de criptomoedas**
3. **O desligamento de uma *blockchain***
4. **Nenhuma das anteriores**

78) O que é *halving*?

1. **É dividir o *bitcoin* pela metade**
2. **É quando o preço do *bitcoin* atinge seu valor máximo**
3. **É a redução da emissão de *bitcoins* a cada quatro anos ou 210.000 blocos minerados**
4. **É quando você tem rendimentos com criptomoedas**

79) Quando o *bitcoin* foi transacionado pela primeira vez no mundo?

1. **2000**
2. **2009**
3. **2010**
4. **2018**

80) Operar no ecossistema *DeFi* é isento de riscos.

1. **Verdadeiro**
2. **Falso**

81) A *blockchain* possui como principais características:

1. **Somente tecnologia descentralizada**
2. **Tecnologia descentralizada e segurança**
3. **Consenso e registros distribuídos**
4. **Tecnologia descentralizada, segurança, consenso e registros distribuídos**

82) Quais entre os benefícios da *blockchain* garante uma segurança adequada?

1. **Rastreabilidade**
2. **Banco de dados**
3. **Aceleração**
4. **Economia de energia**

83) O que é ATH?

1. **O preço mínimo que uma determinada criptomoeda já atingiu**
2. **O preço máximo que uma determinada criptomoeda já alcançou**
3. **O preço médio que uma criptomoeda teve nas últimas 24 horas**
4. **O preço de mercado de uma criptomoeda**

84) Que informação você precisa como evidência de que uma transação de *bitcoin* foi concluída com sucesso?

1. ***Hash rate***
2. **Endereço da carteira**
3. ***Hash***
4. ***Gas***

85) *ReFi* pode utilizar *DeFi*.

1. **Verdadeiro**
2. **Falso**

86) O que é dApp?

1. **Um *security token***
2. **Um ICO**
3. **Um *utility token***
4. **Uma aplicação descentralizada**

87) A *blockchain* somente pode ser pública.

1. **Verdadeiro**
2. **Falso**

88) O *bitcoin* é anônimo e rastreável.

1. **Verdadeiro**
2. **Falso**

Respostas:

No gabarito a seguir, some os pontos corretos em cada pergunta. Cada pergunta certa vale 1 ponto.

01 - 4	12 - 2	23 - 2	34 - V	45 - 2	56 - F	67 - 3	78 - 3
02 - V	13 - 3	24 - F	35 - F	46 - F	57 - 2	68 - 4	79 - 2
03 - 4	14 - 3	25 - V	36 - 3	47 - 2	58 - F	69 - V	80 - F
04 - F	15 - 2	26 - 2	37 - 2	48 - 3	59 - 3	70 - F	81 - 4
05 - V	16 - V	27 - V	38 - 2	49 - V	60 - V	71 - 2	82 - 1
06 - F	17 - 2	28 - 2	39 - F	50 - 3	61 - F	72 - F	83 - 2
07 - F	18 - 3	29 - F	40 - V	51 - F	62 - 3	73 - F	84 - 3
08 - 1	19 - F	30 - F	41 - 2	52 - 2	63 - F	74 - 2	85 - V
09 - F	20 - F	31 - 4	42 - 1	53 - F	64 - 2	75 - F	86 - 4
10 - F	21 - 4	32 - V	43 - 2	54 - 4	65 - F	76 - V	87 - F
11 - 4	22 - V	33 - 3	44 - V	55 - 2	66 - 2	77 - 1	88 - V

Total de pontos = ______

Agora descubra seu nível de conhecimento em criptomoedas.

Confira os resultados:

Se marcou entre 83 e 88 pontos, você é **expert** em criptomoedas. Excelente pontuação. Parabéns! Isso mostra que você entende bem o universo das criptomoedas. Continue estudando, ouvindo especialistas e se aprimorando em um mercado que cresce exponencialmente a cada dia.

Se marcou entre 70 e 82 pontos, você é **sênior** em criptomoedas. Com essa pontuação, você não é o último da fila, mas precisa se dedicar para ficar entre os primeiros. Continue estudando.

Se marcou entre 45 e 69 pontos, você é **pleno** em criptomoedas. Seu conhecimento sobre criptomoedas ainda é intermediário. Recomendamos que releia o livro e complemente com vídeos ou cursos para esclarecer os conceitos que ainda não foram bem assimilados. Tudo é uma questão de tempo e investir sua energia para se tornar um especialista em criptomoedas.

Se marcou abaixo de 45 pontos, você é **júnior** em criptomoedas. Ainda não conseguiu assimilar os conceitos. Mas isso não significa que você não possa aprender mais. Recomendamos que leia novamente os capítulos sobre os conceitos nos quais ficou em dúvida. E refaça o teste. A excelência vem pela persistência. Não desista pelo caminho.

Referências

CHAINANALYSIS. The 2022 Crypto Crime Report. **Chainanalysis**, 2022. Disponível em: <https://go.chainalysis.com/2022-crypto-crime-report.html>. Acesso em: 28 maio 2022.

COINBASE. **Os sete maiores mitos do Bitcoin.** Disponível em: <https://www.coinbase.com/pt/learn/crypto-basics/7-biggest-bitcoin-myths>. Acesso em: 25 maio 2022.

FORTNOW, M.; TERRY, Q. **The NFT Handbook:** How to create, sell and buy non-fungible tokens. Hoboken, NJ: Wiley, 2021.

GRAYSCALE. **The Metaverse:** web 3.0 virtual cloud economies. **Grayscale Research**, nov. 2021. Disponível em: <https://grayscale.com/wp-content/uploads/2021/11/Grayscale_Metaverse_Report_Nov2021.pdf>. Acesso em: 01 jun. 2022.

GUARDIAN, F. Derivativos de criptomoedas: o que são e como negociar? **XP Expert**, 17 fev. 2022. Disponível em: <https://conteudos.xpi.com.br/criptomoedas/derivativos-

de-criptomoedas-o-que-sao-e-como-negociar/>. Acesso em: 25 maio 2022.

HONORATO, S. Menos de 1% das criptomoedas que chegam ao Brasil vão para o crime, diz estudo. **Portal do Bitcoin**, 10 mar. 2022. Disponível em: <https://portaldobitcoin.uol.com.br/menos-de-1-das-criptomoedas-que-chegam-ao-brasil-vao-para-o-crime-diz-estudo/>. Acesso em: 25 maio 2022.

INFOMONEY. **ETF de criptomoeda:** guia para entender o que é e como investir. Disponível em: <https://www.infomoney.com.br/guias/o-que-e-etf-de-criptomoeda/>. Acesso em: 25 maio 2022.

INVESTNEWS. **DeFi:** guia completo do futuro das finanças descentralizadas. 05 fev. 2022. Atualizado em 18 maio 2022. Disponível em: <https://investnews.com.br/guias/tudo-sobre-defi/>. Acesso em: 25 maio 2022.

LIQI DIGITAL ASSETS. Quais são os 4 principais tipos de token? **Liqi**, 09 abr. 2021. Atualizado em 30 jun. 2021. Disponível em: <https://blog.liqi.com.br/4-principais-tipos-de-tokens/>. Acesso em: 25 maio 2022.

MARR, B. 35 exemplos práticos de aplicação de blockchain. **Forbes**, 28 maio 2018. Disponível em: <https://forbes.com.br/negocios/2018/05/30-exemplos-praticos-da-aplicacao-de-blockchain/#foto4>. Acesso em: 25 maio 2022.

ME POUPE! BITCOIN E BLOCKCHAIN! ENTENDA COMO FUNCIONA EM MENOS DE 5 MINUTOS! **YouTube**, s.d. Disponível em: <https://www.youtube.com/watch?v=a5HKwZddYe8>. Acesso em: 25 maio 2022.

MERCADO BITCOIN. **Mitos e Verdades Sobre Criptomoedas:** saiba mais sobre. 24 nov. 2020. Disponível em: <https://blog.mercadobitcoin.com.br/mitos-e-verdades-sobre-criptomoedas-saiba-mais-sobre>. Acesso em: 25 maio 2022.

MF PRESS GLOBAL. Especialista esclarece dez mitos e verdades sobre o Bitcoin. **Estado de Minas**, 15 abr. 2019. Disponível em: <https://www.em.com.br/app/noticia/economia/mf-press/2019/04/15/mf_press_economia_economia,1046391/especialista-esclarece-dez-mitos-e-verdades-sobre-o-bitcoin.shtml>. Acesso em: 25 maio 2022.

MONEYLAB. Oito mitos que você precisa saber sobre o Bitcoin. **InfoMoney**, 23 mar. 2021. Disponível em: <https://www.infomoney.com.br/patrocinados/universo-dos-criptoativos/oito-mitos-que-voce-precisa-saber-sobre-o-bitcoin/>. Acesso em: 25 maio 2022.

NAMBIAMPURATH, R. O que é GameFi – Guia para iniciantes. **Beincrypto**, 15 dez. 2021. Disponível em: <https://br.beincrypto.com/aprender/o-que-e-gamefi/>. Acesso em: 25 maio 2022.

PYOU. O que é NFT e como ele impacta o mercado de trabalho. **Pyou Blog**, 26 jan. 2022. Disponível em: <https://pyou.com.br/blog/2022/01/26/o-que-e-nft-e-como-ele-impacta-o-mercado-de-trabalho/>. Acesso em: 28 maio 2022.

SILVEIRA, I., editado por NUVENS, E. Mark Zuckerberg no Metaverso: conheça o plano ambicioso do CEO do Facebook. **Olhar Digital**, 22 jul. 2021. Atualizado em 23 jul. 2021. Disponível em: <https://olhardigital.com.br/2021/07/22/internet-e-redes-sociais/mark-zuckerberg-metaverso-conheca-o-plano-ambicioso-do-ceo-do-facebook/>. Acesso em: 25 maio 2022.

TAN, L. JY. **Economics and Math of token engineering and DeFi:** fundamentals of token economics. Kindle Edition, 2020.

TAPSCOTT, D.; TAPSCOTT, A. **Blockchain Revolution:** how the technology behind bitcoin and other cryptocurrencies is changing the world. New York, NY: Portfolio/Penguin, 2017.

UDEMY. **Certified Bitcoin Professional:** Pass the Certification Exam. Disponível em: <https://www.udemy.com/course/bitcoin-certification/>. Acesso em: 25 maio 2022.

UDEMY. **DeFi Finanças Descentralizadas – Investimento em criptomoedas.** Disponível em: <https://www.udemy.com/course/defi-financas-descentralizadas-cripto-bitcoin-ethereum/>. Acesso em: 25 maio 2022.

ULRICH, F. **Bitcoin:** a moeda na era digital. São Paulo: Instituto Ludwig von Mises Brasil, 2014.

VOCÊ SABIA? O que é METAVERSO?? – O FUTURO DA INTERNET. **YouTube**, s.d. Disponível em: <https://www.youtube.com/watch?v=HG0Xs-ZJJp4>. Acesso em: 25 maio 2022.

WILLETT, J. R. **MasterCoin Specification (AKA The Second Bitcoin Whitepaper).** 2013. Disponível em: <https://sites.google.com/site/2ndbtcwpaper/>. Acesso em: 01 jun. 2022.